Der Gral
und das
Rosenkreuz

Kristallreihe 9

2002

In der Kristall-Reihe sind erschienen:
1. Hermes Trismegistos – Ermahnung der Seele
2. Mysterientiere
3. Die Kenntnis die erleuchtet
4. Die Rutttckkehr zum Ursprung
5. Gnosis als innerliche Religion
6. Rozenkreuzer einst und heute
7. Die Rute des Treibers zerbrochen
   (Anthologie Boehme)
8. Paracelsus, Philosophie und Heilkunde

ISBN 90 6732 279 2

© 2002 – ROZEKRUIS PERS / DRP ROSENKREUZ VERLAG –
HAARLEM / BIRNBACH

Inhalt

EINLEITUNG 7
Auf der Suche nach dem Heiligen Graal?

1 Das Mysterium des heiligen Grals 9

2 Das alte Königsbuch der Perser 15

3 Die Reise von Osten nach Westen 26

4 Über die Wurzeln und die Bedeutung der
   Gralslegende 32

5 Der keltische Gral und die Artus-Sage 41

6 Parzival – der Weg des Suchers 47
   Die Geschichte 54

7 Die Katharer auf dem Weg zum heiligen Gral 58

8 Kitesj – Symbol für einen ungeschändeten Kosmos 69

9 Der hermetische Einweihungsweg des Grals 79

10 Die Welt ist voller Gralssucher 89

11 Der Gral ist in jedem Menschen gegenwärtig 94

Einleitung
Auf der Suche nach dem Heiligen Graal?

Viele spirituell orientierte Gruppen schreiben gleichsam das Gralssymbol auf ihre Fahnen. Der Gral ist aktuell und vielleicht allmählich genau so bekannt und gesucht wie im Mittelalter. Damals waren die Gralslegenden die »Verpackung«, in welcher der Menschheit erneut eine jahrhundertealte Botschaft überbracht wurde.

Der Gral ist ein Bild für die ewige Wahrheit, die in dem Moment vor dem Menschen auftaucht, wenn er die Grenzen seiner eigenen Möglichkeiten erreicht hat. Das war damals so und ist auch heute noch so. Aber inzwischen hat die Menschheit und jeder Mensch als Individuum eine Entwicklung hinter sich, die zum Guten oder zum Bösen, zum Aufgang, zum Geist Gottes, oder zum Niedergang, zum weiteren »Sich-Eingraben« in die Materie, führte.

Jede Zeitenwende besitzt ihre spezifischen neuen Möglichkeiten, aber auch deutliche Grenzen, die das Vergangene abschliessen. Es hat keinen Sinn, diese Grenzen zu durchbrechen, nur um in der Vergangenheit nach Dingen zu suchen, die scheinbar unveränderlich sind. Allein die Wahrheit bleibt immer dieselbe, obwohl auch sie sich in jeder Sekunde anders, neu zeigt. Und der Mensch wird immer wieder eingeladen, an diesem Prozess der Erneuerung als bewusster Teilhaber an der Schöpfung mitzuwirken.

Daher ist der Gral heute nicht mehr derselbe wie vor

einigen Jahrhunderten. Und in Zukunft wird er auch nicht mehr derselbe sein wie heute. Nur seine Essenz verändert sich nicht. Und allein diese Essenz kann dem Sucher auf seinem Lebensweg einen Schritt weiter helfen. Die eine Gralslegende ist noch schöner, fesselnder und von reinerer Symbolik als die andere. Sie können dem Sucher jedoch nicht helfen, wenn er nicht ihre Kern-Botschaft sucht und innerlich versteht, um sie im eigenen Leben zu verwirklichen.

Darum ist dieses Büchlein in der Kristall-Reihe über die Suche nach dem Heiligen Gral auch kein historischer Bericht, sondern ein Zeugnis für den bewusst und ernsthaft eingeschlagenen Weg zur Verwirklichung des modernen heiligen Grals. Als ein lebendiges Mischgefäss kann er die göttliche Liebe auffangen und in eine Kraft umsetzen, die anderen den Pfad zum Leben weist und erleuchtet.

Die Autoren, die an diesem Büchlein mitgewirkt haben, schöpfen also nicht aus der reichen Vergangenheit des Menschen, sondern wenden sich der glorreichen Zukunft zu, die sich gerade in dieser Zeit vor der Menschheit öffnet.

Die Ansprachen des Gralssymposiums, das am 24. Mai 2001 im Konferenzzentrum Christianopolis in Birnbach gehalten wurde, dienten als Basis für die Texte.

I

Das Mysterium des heiligen Grals

Die Zeit ist angebrochen, um das Mysterium des heiligen Grals von den Schleiern der esoterischen Illusionen der letzten Jahrhunderte zu befreien und seine Wirklichkeit in das Herzblut des modernen Menschen einzubrennen. Die ursprünglichen Märchen, Mythen und Legenden, die durch alle Zeiten hin immer wieder in den unterschiedlichsten Gewändern auftauchten, waren Versuche, die Urweisheit mit moralischen Werten an die sich entwickelnde Menschheit zu binden. Um Ihnen ein Bild davon zu vermitteln, wurden einige dieser geheimnisvollen Gralserzählungen in dieses Büchlein aufgenommen. Wenn Sie die Bedeutung dieser Erzählungen gut in sich eindringen lassen, werden Sie den Kern des Gralmysteriums erkennen.

Die verschleierte Sprache hat in der kommenden Zeit bis zu einem bestimmten Grad ausgedient. Das gilt auch für die Mysterien, Legenden und Mythen über den Gral. Während der Oberste dieser Welt sein Gewand verändert hat und die Saat für die kommende Katastrophe unter der Maske der Gewissensfreiheit und des Menschenrechtes aussät, leiden auch jetzt Unzählige unter seiner Irreführung. Genau wie in den alten Zeiten wird der Mensch, dessen Gemüt schwer von Leiden ist und in dessen Herzen das Gespenst des Zweifels emporsteigt, auch jetzt noch mit der heiligen, illegalen Botschaft seiner Brüder getröstet: »*Jesus lebt! Gehe ihm entgegen!*« Diese Botschaft bringt das Leben zurück in sein verängstigtes

Herz... und den Mut... und die Kraft. Eine überirdische Freude erleuchtet sein vom Leiden gezeichnetes Gesicht. Und er lacht vor Freude, wenn er an Parsifal, Lohengrin und den heiligen Mont-Salvat denkt, zu dem er den Schlüssel empfängt.

Mit erhobenem Haupt tritt er durch die mit Juwelen besetzte Pforte der heiligen Mysterien ein. Und er erkennt sich als der Zauberer Merlin, der ein Sohn Gottes und ein Sohn des Menschen war. Er lernt nun das Geheimnis der strukturellen Wiedergeburt als Opfer des gesamten dialektischen Selbstes an die Jesus-Verwirklichung im mikrokosmischen Lebensfeld erkennen, durch das der neue Mensch geboren wird! Darum wollen wir uns nicht mit dem Abtasten der so vorsichtigen Worte der geheimnisvollen Sprache der Vergangenheit bemühen; denn unsere Zeit erfordert die Demaskierung und Deklaration, eine klare und konkrete Darstellung der Dinge.

Der heilige Gral ist die Schale, mit der Jesus taufte, als Judas ihn verraten hatte: Darum besaß sie auch später als Symbol des Erlösers die Macht, Reine von Unreinen zu unterscheiden. Joseph von Arimathea fing in derselben Schale das Blut des Gekreuzigten auf und nahm danach den Gral mit dem Blut in seine Obhut. Seine Nachfolger brachten ihn dann in den Westen, wo er bis heute verblieb.

Dieser Kerngedanke der Gralsmythen wird im Evangelium vollkommen bestätigt. Alle vier Evangelien teilen sehr nachdrücklich mit, dass nach dem Tod Jesu auf dem Hügel Golgatha Folgendes geschah:

Am Abend aber kam ein reicher Mann von Arimathea,

der hieß Joseph, welcher auch ein Jünger Jesu war. Der ging zu Pilatus und bat ihn um den Leib Jesu. Da befahl Pilatus, man sollte ihm diesen geben. Und Joseph nahm den Leib und wickelte ihn in eine reine Leinwand und legte ihn in sein eigenes, neues Grab, welches er hatte lassen in einen Fels hauen und wälzte einen großen Stein vor die Tür des Grabes und ging davon. Es waren aber allda Maria Magdalena und die andere Maria, die Mutter Jesu, und setzten sich gegen das Grab. [...]

Als aber der Sabbat um war und der erste Tag der Woche anbrach, kamen Maria Magdalena und die andere Maria, um das Grab zu besehen... (Matth. 27/28) und waren Zeugen beim Wunder der Auferstehung.

Für den Wahrheitssucher enthält diese geweihte Sprache – im Gegensatz zu der des Mythos – keinen verborgenen Sinn und kein verschleiertes Symbol, sondern ist eine positive Mitteilung, die vollkommen verstanden werden kann. Hier wird dem, der lesen kann, ohne Umschweife mitgeteilt, dass der Erlösungsprozess in Jesus Christus für Welt und Menschheit in seinen wichtigsten Phasen und mit Hilfe eines darauf vorbereiteten Kraftfeldes – einer Geistesschule – gelungen ist. Der Name Joseph von Arimathea deutet das Gleiche an wie der alt-testamentarische Name Melchisedek. Dieser Name bedeutet buchstäblich »der Hierophant des heiligen Berges, der im Licht des Heiligen Geistes strahlt und lebt«. Er ist der Königspriester vom Mont Salvat, dem Berg der rettenden Kräfte. Dieser neutestamentarische Königspriester ist mit Jesus, dem Christus, verbunden. So wie Jesus, der Christus, als ein Hohepriester nach der Ordnung Melchisedeks bezeichnet wird, so können wir ihn auch den Hohepriester von Arimathea, vom heiligen Berg, nennen.

Von diesem Berg steigt Jesus der Herr für sein primäres Opfer herab, um sich dann, nachdem er sein Herzblut für Welt und Menschheit vergossen hat, mit Hilfe seines Bruders im Garten von Arimathea in ein neues Grab zurückzuziehen. Das heißt, dass es um ein ganz neues Bemühen ging, die dialektische Wirklichkeit anzugreifen.

Bei dieser Grablegung waren beide anwesend: Maria-Magdalena und Maria, die Mutter. Maria Magdalena ist der Mensch, der sich nach der Natur umwendet und im Turmgewölbe verbirgt, um so von unten her zum Turmumgang durchzudringen. Maria ist also der Sucher wie Parsifal, »der reine Tor«. Und die zweite Maria, die Mutter, ist der Mensch, der in der Heiligen Schrift dargestellt wird als der aus sich selbst und dem Heiligen Geist Gott Gebärende, als Merlin, der Zauberer, geboren aus Gott und Mensch. Es ist der neue Mensch im mikrokosmischen Lebensfeld.

Maria und Maria Magdalena bereiten ihre Salben und Spezereien. Das heißt, sie weihen das Opfer Christi und stellen es in sich selbst sicher. Sie sehen, wie sich aus dem Grab im Garten von Arimathea die auferstandene Flamme des ewigen Lichtes erhebt, um weithin als alles beherrschende Kraft des Himmels und der Erde eine Verbindung herzustellen zwischen dem Himmelreich und der dialektischen Weltordnung.

Nun können Sie verstehen, warum im Gralmythos von Joseph von Arimathea gesagt wird, dass er das Blut des Gekreuzigten auffing; denn der Meister Jesus ist Hierophant von Arimathea, Hohepriester der universellen Hierarchie, der sich in dem manifestiert, was wir jetzt als Geistesschule bezeichnen. Alles, was die Christus-

Hierarchie getan hat und noch für die Menschheit tut, kann nur durch diese Geistesschule verstanden und ergriffen werden. Das Blut des heiligen Grals ist die Kraft der Geistesschule. Darum wird auch berichtet, dass Hierophanten von Arimathea den Gral in den Westen bringen. Wer das geheimnisvolle Blut aus dem Gral empfangen will, muss darum wie die bußbereite Maria von Magdala bereit sein, aus der Finsternis auszubrechen, um dem Licht zu begegnen.

Von dem neuen, aus dem rauen, harten Stein gehauenen Grab im Garten von Arimathea strahlt noch immer das blendende Licht des Opfers Christi aus. Es bedeutet, dass die Kraft in die höllische Welt eingestrahlt wird und der Gral unter uns anwesend ist. Diese, nicht aus der Natur zu erklärende, in unserer Welt anwesende kosmische Kraft besitzt zwei Wirkungssphären: eine mehr allgemeine und eine sehr konzentrierte Wirkungssphäre. Und diese beiden, höchst spirituellen Strömungen bestimmen den Lauf und die Aspekte alles dessen, was wir unter der kommenden dreifachen Weltumwandlung verstehen müssen. Die Geistesschule des Goldenen Rosenkreuzes verfügt über sieben Brennpunkte im Stoff und über sieben Brennpunkte in den unsichtbaren Gebieten. Mit ihrer Hilfe werden durch die Christuskraft die sieben Ansichten der dialektischen Welt und die sieben Ansichten der dialektischen Menschheit angegriffen.

So eilt die Menschheit also einer Krise entgegen, die vom göttlichen Gesetz geleitet wird. Und der Ruf erklingt: *Seht, der Bräutigam kommt! Geht hinaus, ihm entgegen!* Und es liegt am Menschen selbst, ob er diese Begegnung mit brennenden oder mit erloschenen Lampen feiern wird. Jeder wird dem Gral begegnen: regenerativ wie

Maria Magdalena – oder degenerativ wie Judas, der klassische Verräter des heiligsten Mysteriums. Gebe Gott, dass der Sucher nach der einen Wahrheit den Turm von Magdala finden und mit all den Salben und Spezereien, die für den Wiedergeburtsprozess nötig sind, ersteigen kann, um das aufgehende Licht begrüßen zu dürfen.

J.v.R.

2

Das alte Königsbuch der Perser

Seit Jahrhunderten bildet Persien – der Iran – mit den arabischen Ländern das Kernland der islamischen Welt. Bei uns im Westen wird oft übersehen, dass die verschiedenen arabischen Länder ganz unterschiedliche Traditionen und Wurzeln besitzen. Die bis heute bewahrte persische Mythologie und die Überlieferungen gehen bis in die vorislamische Zeit zurück.

Wer hier auf Spurensuche geht, findet bestätigt: Es gibt ein universelles Bemühen, den Menschen ihre wahre Bestimmung bewusst zu machen. Entsprechende Zeugnisse dafür in Wort, Schrift und Darstellung sind auf dem ganzen Erdball zu finden. Es ist wie ein goldener Faden, der die Sucher aller Völker und Kulturen in allen Jahrhunderten miteinander verbindet.

Auch nachdem der persisch-arabische Raum islamisch geworden war, gab es Strömungen und Impulse, die das alte spirituelle iranische Erbe wieder aufleben ließen. Sie wurden mit inneren Auslegungen der islamischen Lehre verbunden und so ihrer Zeit angepasst. So wurde der goldene Faden – wenn nötig – wieder hergestellt und aufgenommen.

Im 12. Jahrhundert verband ein Perser namens Shihab ad-Din Vahyâ as-Suhrawardi (1154-1192) in einzigartiger Weise die Lehren Zarathustras und die Überlieferungen aus der iranischen Urzeit mit dem griechischen Neuplatonismus und der hermetischen Weisheit. Er schöpfte aus diesen Quellen, um ihre alte Botschaft zu aktualisieren, denn diese beiden Weisheitsströme waren zu seiner Zeit sehr bekannt und geschätzt. Bei ihm finden wir auch eine Erzählung vom Gral – nur wenige Sätze, aber diese enthalten in einem sehr kraftvollen Bild die tiefe Wahrheit der spirituellen Erlösungslehre. Um sein Wirken und seine Lehre verstehen zu können, müssen wir weit zurückgehen in die iranische Vorzeit.

Jeder Perser kennt und verehrt heute noch das *Königsbuch*, das *Shâh-nâmeh*, das um 1000 n.Chr. von einem großen Dichter namens Firdausi in über 50 000 Versen verfasst wurde. Es hat im Iran etwa den Stellenwert wie die *Odyssee* von Homer oder Dantes *Göttliche Komödie* im Westen. Das *Königsbuch* ist ein gigantisches Versepos und erzählt am Anfang von weisen Herrschern aus der Urzeit, welche die Welt in Gerechtigkeit regierten und das Land erblühen ließen. Jamshid, der vierte König der Urzeit, war größer als seine Vorgänger. Es heißt von ihm, dass er einen Thron in der Luft und eine magische Schale mit sieben Kreisen besaß, die als *Kelch des Jamshid* in die mystische Dichtung Persiens einging. Später wurde sie auch *die Schale, die das All spiegelt* genannt. Doch Jamshid erlag dem Bösen, als er von den eigenen Werken so eingenommen war, dass er sprach: *Ich kenne auf Erden nur noch mich selbst, und der königliche Thron hat noch keinen so berühmten Mann wie mich gesehen.* Er wurde von einem mit dem Teufel verbündeten Jüngling vom Thron gestoßen. So kam der fortwährende Kampf des Guten gegen das Böse in die Welt, der Kampf zwischen Iran und Tûran.

Der König Jamshid ist keine Erfindung des islamischen Dichters Firdausi aus dem 11. Jahrhundert n. Chr. Die

Schilderungen der iranischen Vorzeit und der ersten 17 Könige in seinem Königsbuch knüpfen an das Werk des großen Weisen Zarathustra an (ca. 628-551 v. Chr.), welcher der persischen Welt die monotheistische Lehre von Ahura Mazda und dessen Gegenspieler Ahriman verkündete. Jamshid ist derselbe wie Yima, dieser Urkönig in den Überlieferungen Zarathustras, deren Wurzeln bis in die Vorgeschichte Indiens reichen.

Die Regierungsperiode Yimas ist bekannt als die goldene Zeit, in der weder Krankheit noch Tod herrschten. Er war ein weiser und gerechter Fürst, der als der gute Hirte bekannt war. Die Anzahl der Unsterblichen nahm unter seiner Regierung so schnell zu, dass er beschloss, die Erde dreimal zu vergrößern. Der Dämon Mahrkuscha sandte jedoch eine gewaltige Flutwelle, auf die heiße Sommer und große Dürre folgten. Nur Ahura Mazda konnte verhindern, dass die Menschen ausgerottet wurden. Er gab Yima den Auftrag, eine unterirdische Zuflucht zu bauen, in der alle Menschen und Tiere sicher und wo Wasser, Bäume, Blumen und Früchte im Überfluss vorhanden waren.

Es heißt, dass diese Katastrophe Yimas Hochmut zu verdanken war. Er habe sich von Gott abgewandt und *unwahre Lügenrede* geführt. Da war die goldene Zeit vorbei. Yima wurde ein sterbliches Wesen. Als Yima gelogen hatte, wich das *Licht der Glorie, das Xvarnah*, von ihm, das nach iranischer Anschauung alle legitimen Könige besaßen. Zarathustra sagt: Es erleuchtet *jenen Himmel, der oben leuchtend strahlt, der bis zu dieser Erde hin und um sie herum reicht, gerade wie ein Hof, er, der in der geistigen Welt errichtet fest steht, leuchtend über die Drittteile der Erde.*

Diese Mythen aus der Urzeit erzählen uns von einer Phase der Menschheitsentwicklung, in der das alte König-Priestertum lebendig war. Die Könige, die den *Kelch des Jamshid* oder auch das *Licht der Glorie* besaßen, waren Menschheitsführer, die mit dem göttlichen Geist verbunden waren und auf der Erde die Aufgabe hatten, die Menschen in einer geordneten und gerechten Weltordnung zu beschirmen, damit sie heranreifen konnten. Von solchen König-Priestern erzählen uns nicht nur die persischen, sondern z.B. auch die altägyptischen Mythen.

Kehren wir zurück zum *Königsbuch*. Bei den Schilderungen der mythischen Kämpfe zwischen Iran und dem feindlichen Tûran stoßen wir auf eine Gestalt, die in unserer Spurensuche nach dem Gral einen wichtigen Platz einnimmt: Kay Chosrou, der achte und letzte König der Dynastie der Kayaniden. Wenn wir uns einige Züge seines Lebens vor Augen führen, ergeben sich wie von selbst Parallelen zu den Grallegenden, die wir im Westen kennen.

Von seinem Großvater – König von Iran – erfahren wir, dass er in Verblendung das Reich der Dämonen angriff, dabei gefangengenommen und mit Blindheit geschlagen wurde. Nur durch den Helden Rustam, der einen siebenfachen Weg der Gefahren zurücklegte, kehrte der König auf den iranischen Thron zurück. Nun kämpfte sein Sohn für ihn gegen Tûran, doch widrige Umstände ließen ihn diesen nach Tûran überlaufen und schließlich die tûranische Königstochter Farangis heiraten. Kurz darauf verlor er durch Verrat sein Leben. Farangis war aber bereits schwanger und brachte nach seinem Tod einen Sohn zur Welt, nämlich Kay Chosrou. Diese Verwicklungen zwischen Iran und Tûran zeigen, dass in der mythischen Zeit des Kay Chosrou die beiden Reiche des Guten und des Bösen bereits durch viele Ereignisse miteinander verwoben und verbunden waren. So konnte es zur Geburt eines Königs kommen, dessen Großväter die beiden Könige von Iran und von Tûran waren.

Wie in den westlichen Gralslegenden waren seitdem die Hüter des Grals geschwächt, und es bedurfte einer eindeutigen Tat, um den *Kelch des Jamshid, die Schale mit den sieben Kreisen, die das All spiegelt*, wieder auf Erden wirksam werden zu lassen.

Die Kindheit Kay Chosrous ähnelt in einigen Zügen der des Parzival. Auch Parzivals Vater wird durch Verrat getötet. Beide sind Kinder einer Prinzessin und wachsen in der Einsamkeit der Wälder bei ihrer Mutter auf. Schon als Knaben fühlen sie sich vom Rittertum angezogen. Als Kay Chosrou das erste Mal vor den Herrscher von Tûran tritt, stellt er sich dumm und gibt nicht zu erkennen, dass er seine wahre Herkunft kennt. Zumindest ähnlich ist der erste Auftritt Parzivals am Königshof als Tölpel, der seinen eigenen Namen nicht kennt.

Kay Chosrou gelangt schließlich nach Iran, wo sein Großvater ihn aufnimmt und ihm bald die Königsmacht übergibt. Nun schwört Kay Chosrou, seinen durch Verrat getöteten Vater zu rächen und nicht zu ruhen, bis er den bösen Herrscher von Tûran besiegt hat.

Sowohl Kay Chosrou als auch Parzival setzen sich das Ziel, den ursprünglichen Zustand der göttlichen Gerechtigkeit wieder herzustellen. In dieser Situation begegnen wir erneut dem Gral im altiranischen Königsepos: Ein iranischer Jüngling ist in Tûrans Hände gefallen. Um ihn zu retten, zieht Kay Chosrou am persischen Neujahrstag ein besonderes Gewand an und setzt die Krone der Kayaniden auf. Er nimmt die magische Schale mit den sieben Kreisen, die das Universum spiegelt, und blickt in sie hinein, um den Jüngling in einem der sieben Gebiete der Welt zu finden.

Bald darauf kommt es zur endgültigen Schlacht gegen Tûran. Kay Chosrou schlägt den tûranischen König in die Flucht, und dieser flieht nach Gangbehest in seinen Palast. Nach einer längeren Belagerung und erneuter Flucht wird der Herrscher von Tûran von Kay Chosrou getötet. Für den Iran beginnt damit eine 60 Jahre lange lichtvolle Zelt.

Am Ende seines irdischen Lebens zieht Kay Chosrou in Begleitung von acht Rittern auf einen hohen Berg. Er fordert diese auf, wegen eines bevorstehenden Schneesturms umzukehren. Drei Ritter folgen seinem Rat. Die übrigen fünf ziehen mit ihm weiter, bis sie an eine Quelle kommen. Hier verabschiedet sich der König von den Rittern, badet im Wasser des Lebens und ist für sie von diesem Moment an nicht mehr zu sehen. Die Ritter suchen noch lange nach ihm und gehen schließlich im Schneesturm zu Grunde.

Die persische Legende über *die Schale mit den sieben Kreisen, die das Universum widerspiegelt,* zeigt starke Übereinstimmung mit den bekannten Grallegenden. Diese Schale steht in Verbindung mit dem ursprünglichen Licht, das dem normal- menschlichen Bewusstsein verborgen ist und das von den Kräften der Finsternis bedroht und angegriffen wird. In demselben Zusammenhang wird in der Überlieferung Zarathustras vom Xvarnah, vom *Licht der Glorie,* gesprochen, das die Erde umspannt und den iranischen Herrschern die Königswürde verleiht. Eine zoroastrische Hymne berichtet, wie dieses *Licht der Glorie* nacheinander acht Königen übertragen wird. Der letzte heißt Kavi Husravah, das ist der zoroastrische Name für Kay Chosrou. Auch bei Zarathustra sind also die acht Könige der Dynastie der Kayaniden Lichtträger. Die Zahl von acht Königen (und von acht Rittern, die Kay Chosrou am Ende seines Lebens begleiten) lässt uns an die westliche Überlieferung über Joseph von Arimathia denken, der in einem Kelch Christi Blut auffängt. Er hat acht Nachkommen, die diesen Kelch – den Gral – behüten.

Nachdem wir nun einige altiranische Bilder aus der Gralslegende kennen gelernt haben, stellt sich uns die spannende Frage, in welcher Weise das mythologische Erbe später weitergetragen wurde. Wo können wir den goldenen Faden wieder aufnehmen? Da jede Zeit und jede Kultur ihre eigene Sprache und eigene Kennzeichen hat, haben auch die Menschen jeder Zeit eine andere Aufgabe und andere Möglichkeiten, durch einen Prozess der Veränderung ihr Ziel zu erreichen. Deshalb ist es sehr interessant zu sehen, dass im 12. Jahrhundert die Gralslegenden nicht nur im Westen, sondern auch in Persien eine Renaissance erlebten.

In der persisch-arabischen Welt griff der islamische Gnostiker Suhrawardi das Gralsthema auf. Wie schon erwähnt, fügte er zoroastrisches, altiranisches, hermetisches und griechisches Wissen in einer zeitgemäßen, islamischen Ausprägung neu zusammen. Es ging ihm dabei aber nicht um eine rein philosophische oder theologische

Lehre, sondern um die praktische Erfahrung des Wahrheitssuchers, der nach einem Weg der Läuterung in die *Schale mit den sieben Kreisen* hineinblicken und so mit dem neuen, höheren Leben verbunden werden kann. Deshalb spricht Suhrawardi in seiner Gralsgeschichte auch nicht mehr über die König-Priester, die als Stellvertreter des Schöpfers für die Menschheit wirken, sondern über den inneren Stellvertreter des Schöpfers in jedem Menschen selbst.

Zur Zeit Suhrawardis gab es viele Symbole, die auf das Lichtland des göttlichen Geistes hinwiesen. Es war ein reiches Erbe aus der Zeit Zarathustras vorhanden. Aber auch das ausgedehnte Lichtreich Manis sollte noch weit in die islamische Zeit hinein nachwirken. Mani wurde zwar später in der islamischen Welt als Ketzer gebrandmarkt, seine Lehren stimmen jedoch oft mit denen islamischer Mystiker und Gnostiker überein. In Manis Hymnen und Psalmen geht es immer wieder um das Lichtland Gottes, zu dem sich der Mensch aus der Dunkelheit des vergänglichen Daseins erheben muss. Die folgenden manichäischen Verse zeigen uns deutlich, dass Mani in der Tradition der altiranischen Weisheit stand, während er sich gleichzeitig *Apostel Jesu Christi nach dem Willen Gottes* nannte. *Der Geist der Wahrheit kam und trennte uns los vom Wahn der Welt. Er brachte uns einen Spiegel. Hineinblickend sehen wir darin das All. Er zeigt uns, dass es zwei Ordnungen gibt: Die Ordnung des Lichtes und die Ordnung der Finsternis. Die Lichtordnung durchdringt die Ordnung der Finsternis. Gleichwohl ist die dunkle von der lichten seit Anfang an getrennt.*

Im 12. Jahrhundert schöpfte Suhrawardi aus diesem Quell und begründete die Strömung des Ishrâq, der *Erleuch-*

tung oder genauer des *Aufleuchtens der Morgenröte*. Er hat ein recht umfangreiches Werk hinterlassen. Teils in arabischer, teils in persischer Sprache verfasste er theosophische Abhandlungen, aber auch allegorische, hermetische Erzählungen. Er selbst legt an verschiedenen Stellen dar, welcher geistigen Tradition er sich verbunden fühlt, und immer wieder betont er, dass es nicht um Wissen, sondern um konkrete Erfahrung geht: *Was die Freunde des Pfades betrifft, so erproben sie in ihren Seelen Lichter, die ihnen außerordentliches Entzücken bereiten, während sie noch in ihrem irdischen Leben stehen. Für den Anfänger ist es ein blitzartiges, flüchtiges Licht, für den Fortgeschrittenen ein beständiges Licht und für den Vortrefflichen ein dunkles, himmlisches Licht. Was das dunkle Licht angeht, welches den kleinen Tod herbeiführt, so war der letzte, der es wahrhaft kannte, unter den Griechen der weise Platon, und von den Großen, deren Name im Lauf der Geschichte festgehalten wurde: Hermes.*

Suhrawardis Erzählung vom Gral besteht nur aus wenigen Sätzen. Er setzt bei seinen Lesern und Schülern voraus, dass sie den mythischen König Kay Chosrou und seine Geschichte kennen.

Der Gral, der Spiegel des Alls, gehörte dem Kay Chosrou. Alles, was er wollte, konnte er in ihm lesen, von den verborgenen Dingen erschauen und von den offenbarten Dingen erkennen. Man sagt, dass der Gral sich in einer Umhüllung aus Leder befand, in konischer Form gefertigt, um die zehn lösbare Bande gelegt waren. Als Kay Chosrou einmal etwas von den unsichtbaren Dingen sehen wollte, übergab er die Hülle dem Dreharbeiter (dem Drechsler). Als alle ihre Bande geöffnet waren, war der Gral nicht zu sehen. Aber als sie in der Werk-

statt des Drehers wieder gebunden wurden, war der Gral (wieder) zu sehen.

Das altiranische Motiv der Schale als *Spiegel des Alls* haben wir von der mythischen Vorzeit bis zu Mani verfolgt. Aus Suhrawardis Worten zeigt sich, dass der Gral in die Natur des Menschen eintaucht, um ihn zu erlösen. Das Unsterbliche taucht ein in die Sterblichkeit. Die irdische Natur ist die Hülle, in welcher der Gral freiwillig gebunden verborgen ist. In dieser Hülle muss nun eine neue Seele erwachen, um den Geist empfangen zu können. Kay Chosrou besaß diese Verbundenheit im Prinzip bereits. Solange er in seinem Körper weilte, wurde der Gral (unter seiner Hülle) sichtbar, das heißt, aktiv wirksam in der irdischen Natur. Sobald er aber die zehn Bande löste und sich ganz den unsichtbaren Dingen zuwandte, war der Gral nicht mehr erkennbar. Denn Aufgehen im Geist bedeutet Verlassen des Stoffes.

Zu der Zeit, als sich die Sonne im Gleichgewicht befand (zur Zeit der Frühlings-Tagundnachtgleiche), *hielt Kay Chosrou den Gral der Sonne entgegen. Als ein sehr mächtiges Licht darauf fiel, wurden alle Zeichen und Bilder der Welt in ihm offenbar. Und er beschließt: Als ich vom Meister die Beschreibung des Grals des Jam hörte, wurde ich selbst der Gral der Welt, der Spiegel des Jam. In dem Gral der Welt, dem Spiegel, erinnern sie sich, jener Gral ist eine Flamme, die uns sterben lässt.*

Immer wieder weist Suhrawardi daraufhin, dass das Natur-Ich des Menschen sterben muss, damit eine neue Seele geboren werden kann. Durch die Wirkung des Grals weicht das Niedere dem Höheren. Das ist seine

Botschaft an den Menschen seiner Zelt: die eigene Tat, die eigene Veränderung.

Nachhaltig wirkte die Lehre Suhrawardis nach seinem frühen Tod weiter. Er hatte eine Bruderschaft ins Leben gerufen, die Ishrâqiyûn, die sich nach dem legendären Kay Chosrou auch Chosrawiyûn nannte. Diese Bruderschaft bestand nach seinem Tod weiter. Ihre Spuren führen quer durch die Jahrhunderte bis in das 18. und 19. Jahrhundert und sogar in unsere Tage.

3

Die Reise von Osten nach Westen

Eine der vielen Gralslegenden berichtet, wie der geheimnisvolle Kelch des Grals in den Westen gelangte. Lange bevor Merlin geboren wurde, war der Gral im Besitz eines Menschen im Osten, der Josef genannt wurde. Wie er den Becher erhalten hat, ist nicht bekannt. Ebenso wenig weiß man, wer ihn hergestellt hat und wem der Becher seine wunderbaren Eigenschaften verdankt.

Einst lud Josef seine Familie und seine Freunde zu einer Mahlzeit an einer silbernen Tafel. Als alle ihre Plätze eingenommen hatten, holte er den Gral hervor und stellte ihn, umhüllt von leuchtendem Nebel, mitten auf die Tafel. Dann bat er einen alten Fischer, zum Fluss zu gehen und den silbernen Fisch zu fangen, der dort im klaren Wasser umherschwimme. Der Fischer hatte das schon einige Male getan und war stets mit einem großen, glänzenden Fisch zurückgekommen. Josef gab ihm dann den Auftrag, den Fisch auf einem hell glühenden Kohlenfeuer zuzubereiten. Als der Fisch gar war, wurden alle Gäste mit seinem köstlichen Fleisch versorgt – wie viele es auch waren! Wer von diesem wunderbaren silbernen Fisch gegessen hatte, fühlte sich glücklich und froh und erwies sich als stark genug, das Gute zu tun und dem Bösen zu widerstehen. Nach dem Ende dieser Mahlzeit gingen alle wieder zu ihren Wohnorten zurück. Und obwohl diese Zeremonie hundert mal 75 Jahre hintereinander wiederholt wurde und viele dadurch ein glückliches Leben führen konnten, kannten nur Josef und der alte Fischer das Geheimnis des Grals und des Fisches. So konnten sie den Menschen helfen.

Aber es gab in dieser Zeit nicht nur gute Menschen. Das Land, in dem Josef und der Fischer wohnten, wurde von einem bösen Fürsten regiert, der oft versucht hatte, den kostbaren Becher zu rauben. Doch auch im Gefängnis hatte Josef den geheimen Aufbewahrungsort seines Schatzes nicht verraten. Daher suchten seine Feinde weiter und drohten Josef und seiner Familie. Aber nichts half.

Eines Tages, als Josef in seinem Garten arbeitete, besuchte ihn eine leuchtende Gestalt, die ihm riet, den Becher übers Meer in ein fernes Land im Westen zu bringen. Josef fragte, warum. *»Ich bin nur ein Bauer und gewohnt, in den Kornfeldern zu arbeiten. Aber ich habe kein Schiff und kenne niemanden, der ein Schiff fahren könnte.«* Die Gestalt sagte ihm jedoch, dass er keine Angst zu haben brauchte. *»Habe Vertrauen. Rufe deine Familie und Freunde zusammen, nimm die silberne Tafel und den Becher und gehe!«* Damit verschwand die Gestalt, und Josef ging nach Hause und ließ den Fischer kommen. Er bat ihn, die Reisegesellschaft zusammenzurufen und auf die große, unbekannte Reise vorzubereiten.

Bald waren alle bereit und begaben sich auf den Weg; Josef, der Fischer, ihre Kinder und ihre Freunde. Zusammen trugen sie die silberne Tafel, und Josef allein trug den Gralsbecher in einem kleinen Kasten, der schön verziert war mit vielen hundert kostbaren Steinen. Viele Tage wanderten sie und kamen schließlich ans Meer. Der blaue Ozean erstreckte sich vor ihnen, hier und da geheimnisvoll aufleuchtend in einer rosavioletten

Glut. Tief hängende Wolken am Horizont sahen aus wie Inseln, die im goldenen Glanz der untergehenden Sonne badeten. Gingen sie dorthin? Waren das die Inseln im Westen, von denen Josef ihnen erzählt hatte? Zwischen den Reisenden und den Inseln lag ein großes, tiefes Wasser mit langen, flüsternden Wogen. Um diese Wasserfläche zu überqueren, brauchten sie ein Schiff. Aber es war kein Segel zu sehen, nichts, womit sie die große Überfahrt wagen konnten. Josef stand am Ufer, und alle, die ihm Vertrauen geschenkt hatten, blickten abwartend zu ihm auf. Da schwebte eine Stimme über das Wasser heran. Alle konnten deutlich hören, dass sie sagte: »*Nimm deinen weißen Untermantel, Josef, und breite ihn auf dem Wasser aus!*« Josef tat, wie ihm gesagt wurde. Er nahm seinen weißen Leinenmantel und legte ihn auf die gekräuselte Wasserfläche. Und siehe da, der Mantel formte sich zu einem kleinen Schiff. Und wieder erklang die Stimme wie das leise Zwitschern eines Vogelliedes am späten Abend: »*Gehe an Bord, Josef, und alle sollen dir folgen.*«

Josef nahm den Kasten mit dem Becher und ging voller Vertrauen an Bord. Der weiße Mantel erwies sich als stark genug, um ihn zu tragen. Das kleine Schiff lag ruhig und fest, als ob ein Anker es an seinem Platz hielte. Dann folgten die anderen. Sie trugen die silberne Tafel an Bord und stellten sie in die Mitte des Schiffes.

Sobald nun jeder an der Tafel den Platz eingenommen hatte, der ihm zukam, begann das kleine Schiff sich wie durch eine geheimnisvolle Kraft fortzubewegen. Schnell fuhren sie auf das Land im Westen zu.

Die Sonne ging unter, der Mond stieg auf, und noch immer fuhr das Schiff weiter, schneller, als es irgendein anderes Schiff vermocht hätte. Der Mond ging wieder unter, hinter ihnen erschien erneut die Sonne. In den goldenen Lichtstrahlen, die alles zu frischem Leben erweckten, sah Josef nun die weißen Sandstrände und die hohen Felsen des Landes im Westen. Es sah herrlich aus. Aber als die Reisenden näher kamen, entdeckten sie, dass sie den warmen Sommer mit Bäumen voller Früchte eingetauscht hatten gegen ein kaltes, schneebedecktes Land. Die Felsen glitzerten, weil sich in der Nacht Eis über sie gebreitet hatte, und das Rauschen der Bäche und Flüsse lag unter einer harten Kruste verborgen. Das Mantelschiff brachte die Reisenden in eine kleine Bucht. In dem kalten Nordwind hasteten sie ans Ufer, um Schutz zu suchen. Josef ging als Letzter von Bord, und die Stimme gebot ihm, seinen Mantel wieder an sich zu nehmen und um sich zu hüllen. O Wunder, der Mantel war trocken und behaglich warm!

Einer nach dem anderen kletterten die Reisenden nun empor. Josef ging mit dem Kasten voran, hinter ihm folgte der Fischer, danach kamen die Träger mit der silbernen Tafel sowie alle, die auf diese abenteuerliche Reise mitgegangen waren. Sie gingen über Berge und durch Täler, bis sie einen freundlichen Ort erreichten. Josef lehnte sich auf seinen Stab und blickte prüfend umher, ob es ein guter Platz war, um sich niederzulassen. Und als er so dastand, begann der Stab zu vibrieren, und aus seiner Rinde brachen Zweige und Knospen hervor und bedeckten ihn mit einem Kleid aus weißen Blüten. Der Stab hatte in dem gefrorenen Boden Wurzel geschlagen. Er wuchs schnell und wurde ein Baum, so groß, dass Josef bequem darunter stehen konnte. Als er eine der Blüten berührte, begann es zu schneien. Die kleinen weißen Blüten verbreiteten einen herrlichen Duft.

Josef rief den Fischer und die anderen und bat sie, die silberne Tafel unter dem Baum aufzustellen. Alle nahmen Platz. Da sandte Josef den Fischer aus, um den silbernen Fisch zu suchen. Und in einem Bach in der Nähe fand er ihn, als hätte der schon lange auf ihn gewartet. Er nahm den silbernen Fisch, brachte ihn Josef und bereitete dann seinen Fang auf einem glühenden Kohlenfeuer zu. Inzwischen hatte Josef den Gralsbecher mitten auf die Tafel gestellt. Alle waren bereit, an der ihnen so vertrauten, magischen Mahlzeit teilzunehmen. Unter dem blühenden Baum empfingen sie die erste Mahlzeit im Land des Westens, während die Hügel und Täler um sie herum allmählich unter einer dicken Schneeschicht verschwanden.

Während sie nun so bei der wunderbaren Mahlzeit beieinander saßen, wurden sie von einem alten Mann in einem langen Mantel beobachtet. Es war ein Druide, der zufällig vorbeikam. Erstaunt starrte er all diese dunkelhäutigen Menschen in ihrer farbenprächtigen östlichen Kleidung an, die unter dem blühenden Baum an einer silbernen Tafel saßen und aßen. Aber vor allem der Kelch, gehüllt in eine leuchtende Wolke, hatte es ihm angetan. Als alle gegessen hatten, stand einer von ihnen auf und nahm den leuchtenden Becher behutsam in seine Hände. Die anderen erhoben sich ebenfalls, nahmen die silberne Tafel und entfernten sich von dem blühenden Baum in den Schnee. Der Druide ging zu dem Baum und berührte ihn. Der Baum war echt, die Blüten waren echt. Er roch ihren Duft. Da ging er zurück zu seiner Behausung und schrieb alles auf, was er gesehen und erlebt hatte. Der König des Landes im Westen schenkte Josef und seinen Leuten das Grundstück, auf dem der Baum jetzt stand. Sie bauten dort ihre Kapelle. Viele

Jahre konnten sie sich noch ungestört um die silberne Tafel versammeln und unter dem schützenden und genesenden Einfluss des Grals verweilen.

4
Über die Wurzeln und die Bedeutung der Gralslegende

Erinnern Sie sich noch an Geschichten über den Montsalvat, den Erlösungsberg, auf dem die Gralsburg steht? Dort lebt der Orden der Gralsritter, die den Gral hüten. Ebenso wie König Artus und seine Ritter bilden auch sie eine Tafelrunde. Wenn sie beisammen sitzen und der Gral hereingetragen wird, werden sie auf wundersame Weise gespeist. Allein der Anblick des Grals verleiht ihnen immer währende Jugend.

In den Legenden wird der Gral als das Gefäß bezeichnet, das Christus beim letzten Abendmahl benutzt hat. Joseph von Arimathia, so heißt es, sei im Besitz dieses schon damals traditionsreichen Gefäßes gewesen und habe in ihm bei der Grablegung Christi das Blut des Erlösers aufgefangen. Wenn man den Gral als ein heiliges Gefäß ansieht, das Wunder bewirken kann, so finden wir dieses Motiv in allen Mythologien der Welt wieder. Es wird dann deutlich, dass die mittelalterlichen, vom Christentum geprägten Texte auf einer sehr alten Tradition beruhen. Seit frühesten Zeiten haben die Menschen zum Beispiel die Sonne und den Mond als solche Gefäße angesehen, die mit göttlichen Speisen gefüllt sind. Aus ihnen durften sich die Heroen als Lohn für bestandene, übernatürliche Abenteuer und Taten stärken. In der griechischen Philosophie wird von einem Mischgefäß, dem »Krater« gesprochen, in den die Gottheit die Grundstoffe der Schöpfung gießt und sie mit dem Sonnenlicht vermischt. Er wird den neu geschaffenen Seelen gereicht, damit sie Weisheit erlangen.

In einem griechischen Einweihungsmysterium wird bei einem mystischen Fest, das an das gemeinsame Mahl der Gralsritter erinnert, aus einem heiligen Gefäß, dem »Kernos«, ein Trank gereicht. Er vermittelt die Fähigkeit, an einer höheren Welt Anteil zu erhalten. Ähnliches kennen wir aus der keltischen Tradition. Dort ist es ein großer Kessel, der »Cauldron«, der zu geistiger Wiedergeburt führt.

In einigen Legenden wird nicht von einem heiligen Gefäß gesprochen, sondern von einem kostbaren Edelstein oder einer kostbaren Perle. Die Legenden berichten, dass zur Aufbewahrung des Grals ein Tempel errichtet wurde. In einer Darstellung heißt es, dass der Tempel hoch und rund war und eine Kuppel aus Gold besaß, auf der das Firmament mit Edelsteinen abgebildet war. Eine goldene Sonne und ein silberner Mond wanderten über die Hemisphäre.

Im 20. Jahrhundert haben einige Gelehrte festgestellt, dass ein solcher Tempel im siebten Jahrhundert in Persien auf dem heiligen Berg Shiz erbaut wurde. Das war der heiligste Ort im gesamten Königreich. Er barg das heilige Feuer und galt als Geburtsort Zarathustras. In buddhistischen Legenden wird über den mystischen Berg Meru in Japan berichtet, der viele Ähnlichkeiten mit dem Gralstempel hat. Auf ihm sitzt Buddha mit seinen Bodhisattvas – die Sonne und der Mond umkreisen sie.

In allen alten Kulturen finden wir Hinweise auf eine im

Menschen verborgene Möglichkeit, an der kosmischen, göttlichen Seelenkraft, dem göttlichen Blut, Anteil zu erhalten, dadurch verwandelt zu werden und zu unmittelbarer Gotteserkenntnis zu gelangen. Das heißt: Der Mensch hat die Möglichkeit, in sich eine sehr spezielle Kraft zu empfangen und damit zu arbeiten. Diese Kraft ist kosmischen Ursprungs und wird auch angedeutet als das göttliche Blut. Wem es gelingt, diese Energie zu finden und zu erhalten, der wird dadurch fundamental verändert und fähig, die göttliche Weisheit aus erster Hand zu empfangen. Das Mysterium des Grals ist also kein äußeres Geschehen, sondern findet auf einer hohen seelischen Ebene statt.

All diese Legenden zeugen von der Tatsache, dass eine Konfrontation mit den geistigen Werten des Grals unser Leben fundamental verändern kann. Um dieses Mysterium einigermaßen zu entschleiern, können wir uns bei den bonafiden Rosenkreuzern Rat holen; denn der Weg des Rosenkreuzes führt in die Sphäre des Grals.

Die Philosophie des Rosenkreuzes besagt, dass es neben der uns bekannten Welt noch eine höhere Daseinsordnung gibt, die mit den Sinnesorganen nicht wahrgenommen werden kann. Von unserer bekannten Welt wissen wir, dass alle in ihr lebenden Erscheinungen einschließlich uns selbst früher oder später wieder vergehen. Aus Erfahrung wissen wir, dass es in unserer Welt nichts Vollkommenes gibt. Sie wird jedoch getragen und unterhalten von einer unvergänglichen, ewigen Welt. Nach der ursprünglichen Weisheitslehre – und das ist auch die Lehre der Rosenkreuzer – sind die Wesen, welche die höhere Welt bewohnen, vollkommen und dadurch unsterblich.

Nun kann man sich die spannende Frage stellen: Gibt es einen Übergang zwischen der Welt der Vollkommenheit und der Welt der Unvollkommenheit, einen Übergang zwischen dem Ewigen und dem Vergänglichen? Rein logisch kann es einen solchen Übergang nicht geben. Denn wie sollte es etwas geben, das nur ein bisschen ewig ist oder ein bisschen vollkommen? Prinzipiell müssen die Welten also voneinander getrennt sein. Und doch wird ein solcher an sich unmöglicher Übergang durch eine von der geistig-göttlichen Welt ausgehende Bemühung immer wieder neu hergestellt und in Stand gehalten. Wesen aus der Ewigkeit verbinden sich mit dem Vergänglichen. Wenn wir uns diese Tatsache vergegenwärtigen, erschließt sich für uns das Symbol des Kreuzes. Die Ewigkeit senkt sich in die Welt der Vergänglichkeit ein und »durchkreuzt« sie. Diese Kreuzigung vollzieht sich fortwährend als Verbindung von zwei Welten, die nicht zusammenpassen.

Es sind die großen Religionsgründer wie Buddha, Zarathustra und Jesus, die diese Brücke zwischen den beiden Welten immer wieder neu errichten. Sie bringen uns damit ein Opfer, und darum sagen wir: Sie vergießen für uns ihr Blut. Diese Vollkommenen gehören nicht der vergänglichen Natur an. Sie haben den Weg vorgelebt, der von unserer Welt in die höhere Welt führt. Die von ihnen dadurch erbaute Brücke wird von denen in Stand gehalten, die ihnen nachfolgen. Diese Brücke ist ein Wunder. Dieses eigentlich unmögliche Übergangsgebiet zwischen Ewigkeit und Zeit wird in vielen Legenden als Gral, Becher oder Mischgefäß angedeutet, in dem Zeit und Ewigkeit miteinander vermischt werden. Es ist ein Raum, ein beschütztes Lebensfeld, eine dritte Natur, in der die suchende Seele lernen kann, ihren Weg durch die

Welt der Gegensätze zu finden, um die Ewigkeit zu entdecken.

In den verschiedenen Legenden, die sich um die Gralsburg ranken, wird berichtet, wie die Gralsritter ausziehen, um Heldentaten zu vollbringen. Das ist ein gleichermaßen ewiges wie hochaktuelles Geschehen. Aber wir moderne Menschen können die vollkommene Welt, unser schließliches Reiseziel, nicht so ohne Weiteres wahrnehmen, weil wir dafür kein geeignetes Sinnesorgan haben. Wir merken allerdings etwas von den Auswirkungen dieses Geschehens, denn wir fühlen uns innerlich dazu gedrängt, nach dem Sinn des Lebens zu fragen. Unter Umständen beginnen wir sogar mit dem Suchen, um eine Antwort auf diese Frage zu finden. Wenn Sie in diesem Sinn zu suchen begonnen haben, dann sind Sie vermutlich auch schon in der Gralsburg gewesen. Das halten Sie sicher für eine seltsame Aussage. Aber wir wollen Ihnen das ganz nüchtern erklären.

Nachts, wenn wir schlafen, kann etwas geschehen, was tagsüber nicht ohne weiteres möglich ist. Ein Teil unseres Seelenwesens löst sich im Schlaf von unserem Körper und durchwandert verschiedene atmosphärische Felder. Wenn nun in uns das Verlangen lebt, den Sinn des Lebens zu ergründen, wendet der Teil unseres Seelenwesens, in dem dieses Verlangen lebendig ist, sich zu der Sphäre, zu der es durch diese Sehnsucht eine Entsprechung hat. Dann kann es sein, dass wir in das Übergangsgebiet eintauchen, das zwischen den beiden Welten liegt. Hier wird unser Seelenwesen von einer reinen Kraft berührt. Das geschieht im Tiefschlaf, in der traumlosen Phase, wenn unser Bewusstsein ausgeschaltet ist, das ein Hindernis für dieses Geschehen wäre. So ging es auch

Parzival, als er die Gralsburg zum ersten Mal fand und nichts von dem verstand, was dort vorging. Er verließ die Gralsburg so unwissend, wie er sie betreten hatte und musste ein langes, entbehrungsreiches Leben führen, ehe er nach jahrelanger bewusster Suche den Weg dorthin wiederfand.

Der Weg des Rosenkreuzes besteht darin, in uns allmählich eine neue Seele zu erwecken und sie mit dem göttlichen Geist zu verbinden. Das bedeutet, dass das Goldene Rosenkreuz für den unvorbereiteten Sucher Parzival den Weg öffnet, der zur Gralsburg, dem ursprünglichen Lebensfeld der Seele, führt.

In allen Grallegenden wird dieser Weg bildhaft dargestellt. Allerdings sind die Legenden in ihrer Ausgestaltung unterschiedlich. Oft werden nur einzelne Etappen des Weges geschildert. So ist zum Beispiel die Geschichte von Parzival, wie sie der französische Dichter Chrétien de Troyes (12.Jh.) berichtet, ein Fragment geblieben. Es wird noch nicht dargestellt, wie Parzival bewusst in die Gralsburg zurückkehrt. Der Parzival, den Wolfram von Eschenbach darstellt, vermag es zwar, doch deutet der Dichter nur in verschleierter Form an, dass hierfür ein neues Bewusstsein erforderlich ist, das aus einer im Menschen verborgenen Quelle entstehen kann.

Erst im Bereich der Artus-Sage finden wir eine deutlichere Darstellung. Dort wird von einem Ritter berichtet, der Galahad heißt und den Beinamen «der Makellose» trägt. Er begibt sich zusammen mit Parzival und einem weiteren Ritter der Tafelrunde auf den Weg zum heiligen Gral. Sie finden schließlich die Gralsburg und sehen ein Leuchten, das nicht von der Sonne kommt. Galahad wird im weiteren Verlauf der Geschichte zum Gralskönig berufen. Er ist der Vollender, Parzival nur der Wegbereiter.

Galahad symbolisiert also einen unbekannten Aspekt des Menschen. Wir sind nicht nur der, der wir zu sein glauben. In uns schlummert auch eine verborgene, höhere Bewusstseinsebene, die zum bewussten Erleben der Gralssphäre führt, wenn sie aktiviert wird: also gleichsam ein Element des Grals. Dieses Element zu erwecken, ist nach Auffassung der Rosenkreuzer die wahre Lebensaufgabe des Menschen.

Die Gestalt des Galahad verkörpert das neue Seelenbewusstsein, das in uns entstehen kann. Und da die Menschheit jetzt überall an die dicken Mauern der eigenen Ohnmacht stößt, ist der Moment gekommen, in dem das Geheimnis des Grals entschleiert werden kann. Denn darin liegt der Ausweg verborgen.

Die Sagen über das Gralsmysterium tauchten im Mittelalter sowohl im Westen als auch im Osten Europas und sogar in Persien etwa zur gleichen Zeit auf, nämlich um das 12. Jahrhundert herum. War das ein Zufall? Diener des Grals erkannten damals, dass eine Zeitepoche anbrechen würde, in der die Verbindung zur höheren Welt für die meisten Menschen in den Hintergrund treten oder ganz verschwinden würde. Die Menschen würden unter dem Einfluss von Wissenschaft und Technik eine Mentalität entwickeln, in der sie die Offenheit für die geistig-seelische Welt verlieren müssten. Das ist vielleicht einer der Gründe, warum die Gralslegenden in Umlauf gebracht wurden. Mit ihrer seltsamen Mystik und Romantik werden diese Legenden die Herzen der Menschen auch noch in künftigen Jahrhunderten berühren, und ihre tiefgründige Symbolik kann den Menschen eines Tages in einer Zeit großer seelischer Not ein Wegweiser sein.

Auch in dieser, so bewegten und unsicheren Zeit berühren die alten Gralslegenden noch viele Herzen, denn sie zeigen, dass der uralte innere Weg auch heute noch und gerade heute wieder gangbar ist. Gangbar, das heißt, dass auch die Sucher von heute wie die Ritter der Tafelrunde des Königs Artus Anteil erhalten können an der Realität der höheren Welt.

In vielen Legenden wird von zwei Tafelrunden gesprochen: von der Tafelrunde der Gralsritter und der des Königs Artus. Das bedeutet, dass etwas von der Einheit der höheren Welt, symbolisiert durch die Tafelrunde der Gralsritter, sich auch in unserer Welt als eine Gruppeneinheit bilden muss – symbolisiert in der Tafelrunde des Königs Artus. Die Teilnehmer an einer solchen Gruppe, die sich auf den Gral vorbereiten, müssen sich schrittweise innerlich reinigen und von den erdbindenden Einflüssen lösen. Dann werden sie prozessmäßig mit der höheren Tafelrunde verschmelzen. Das geschieht im Einklang mit den Worten des Christus: *Der Vater und ich sind eins, und ihr sollt eins sein mit mir.* Auf diesem Weg wird das Abendmahl nicht mehr symbolisch eingenommen, sondern unmittelbar. Jeder einzelne Teilhaber an der Gruppe assimiliert die göttlichen Kräfte in dem Maß, wie er es vermag, das heißt, wie es seinem Seinszustand entspricht.

Durch diese Assimilation tritt er in einen Prozess der inneren Verwandlung ein: Das Gralselement entfaltet sich in ihm. Da das auch bei den anderen Mitgliedern der Gruppe geschieht, offenbart sich in der Gruppe der gleichgesinnt Strebenden das unsichtbare geistige Gefäß inmitten unserer Welt.

Im *Corpus Hermeticum*, einer alt-ägyptischen Einweihungsschrift, heißt es:*

Gott hat ein großes, mit den Kräften des Geistes gefülltes Mischgefäß herabgesandt und einen Botschafter beauftragt, den Herzen der Menschen zu verkünden: Taucht hinein in dieses Mischgefäß, ihr, die ihr es vermögt, ihr, die ihr glaubt und darauf vertraut, dass ihr aufsteigen werdet zu ihm, der dieses Mischgefäß herabgesandt hat; ihr, die ihr wisst, zu welchem Ziel ihr erschaffen wurdet. So-viele dieser Verkündigung Gehör schenkten und durch Untertauchen in den Kräften des Geistes gereinigt wurden, haben Anteil erhalten an der Gnosis, der lebendigen Kenntnis Gottes, und wurden, als sie den Geist empfangen hatten, vollkommene Menschen.

---

* Jan van Rijckenborgh, *Die ägyptische Urgnosis und ihr Ruf im ewigen Jetzt*, Teil 2, S.155-156, Ausg. 1997.

5
Der keltische Gral und die Artus-Sage

Die europäische Wurzel der Gralssagen liegt im alten Keltentum. Die Kelten bildeten keinen fest definierten Staat, sondern eine Kultgemeinschaft, die durch einen gemeinsamen, geistigen Impuls geeint wurde, der von den Druiden ausging und über die Barden durch Erzählungen und Gesänge in das Volk hineingetragen wurde.

Carnutum, das heutige Chartres in Frankreich, war der alte keltische Versammlungsort der Druiden. Hier, im alten Carnutenwald, gab es eine unterirdische Grotte, in der das Bild der Virgo Paritura (»die Jungfrau, die gebären wird«) aufbewahrt wurde. Auch die Druiden warteten auf einen, der von einer Jungfrau geboren, in den Abgrund hinabsteigen und diesen überwinden würde. Sie erwarteten den Christus. Speziell in Irland, aber auch in Wales wurde die keltische Mythologie besonders rein erhalten. Erst später wurde sie aufgeschrieben, so z.B. in den *Vier Zweigen des Mabinogion*. Und in dieser Mythologie finden wir den Gral, wenn auch in anderer Form, als er uns heute bekannt ist.

Hier ist es der Kessel, der in den Ritualen der Druiden als Weihekessel auftaucht. In den Sagen wird von zwei Kesseln berichtet, dem Kessel der Wiedergeburt und dem Kessel der Fülle. Von dem Kessel der Wiedergeburt wird gesagt, dass ein im Kampf gefallener Held wieder aufersteht, wenn er in diesen Kessel eingetaucht wird. Vom Kessel der Fülle heißt es, dass er voller Speise ist, wenn sich ihm ein Held nähert. Jedem, der kein Held ist, erscheint der Kessel leer.

Ceridwen ist eine keltische Muttergöttin. Auch sie besitzt einen solchen Kessel. Darin kochte die Flüssigkeit der Wiedergeburt oder des Gestaltenwechsels. Als ein umrührender Knabe herausspritzende Tropfen probiert, versteht er alle Geheimnisse und wird nach vielen Gestaltenwechseln als der große Druide und Barde Taliesin wiedergeboren, der erst Schüler des Merlin ist und später selbst Merlin genannt wird. Der Name »Taliesin« bedeutet Strahlenstirn. Kessel und Kelch sind weiblich, empfangend. Die männliche Entsprechung dazu ist das Schwert oder die Lanze.

Aus der Verbindung des östlichen Christentums und der Druidenweisheit entstand das keltische Hochkreuz. Im Gegensatz zum römisch-christlichen Kreuz, das den physischen Leib zeigt, ist die Symbolik dieser Kreuze geistiger Art. Der Sonnenring ist dafür ein deutliches Beispiel. Oft befindet sich ein Sonnenrad oder -wirbel in der Kreuzmitte, weiterhin die ineinander verschlungenen Zeichen der Dreieinheit. Das aufgerichtete Kreuz ist auch das Symbol für den Menschen mit ausgebreiteten Armen, die Füße fest auf dem Boden. Im Herzen, dem Schnittpunkt der beiden Balken, befindet sich das Sonnenrad, Haupt und Herz vom Geist umstrahlt, ein Bild für den durch den Geist Gottes erneuerten Menschen. Aus der Verbindung der östlichen Gralsströmung und der Gralstradition der druidischen Kelten entstanden zunächst das keltische Christentum und später das Rittertum um König Artus.

Merlin, der in die Mysterien der Druiden Eingeweihte,

wusste um die zukünftige Entwicklung. Auf der Burg Tintagel in Cornwall, im Südwesten Englands, schuf er durch Magie die Bedingungen, unter denen Artus zur Welt kommen konnte. Merlin hatte mit Uther Pendragon abgesprochen, dass der junge Prinz an einem sicheren Ort in Abgeschiedenheit aufgezogen werden sollte. Als Artus' Vater starb, entstand Uneinigkeit über seine Nachfolge, da niemand wusste, dass der König einen Sohn hatte. Am Weihnachtsabend erschien plötzlich auf dem Marktplatz ein Stein, in dem ein Schwert steckte. Auf dem Schwert stand mit flammenden Buchstaben, dass derjenige König von England werden würde, der das Schwert aus dem Stein ziehen konnte. Keinem gelang es. Doch als Jahre später Artus das Schwert dort entdeckte, zog er es mit Leichtigkeit heraus. Das war das Zeichen für seine Herkunft und seine Berufung. Merlin, der das Ganze der Legende nach inszeniert hatte, wurde sein Berater. Durch Merlins Rat und Artus' Mut kam Frieden ins Land. Merlin gab Artus die Idee ein, die Tafelrunde, eine Bruderschaft auserwählter Ritter, zu gründen. Merlin verschaffte ihm auch das magische Schwert Excalibur, das ihm die »Dame vom See« schenkte, um die gute Sache zu unterstützen. Der Träger des Schwertes war unbesiegbar und wegen der Schwertscheide unverwundbar.

Das Volk wollte aber nicht nur einen siegreichen König, sondern der König sollte auch heiraten. Doch die Frau, Guinever, die er erwählte, brachte Unglück über die Tafelrunde. Besonders belastend für das Einvernehmen war ihr Liebesverhältnis zu Artus' bestem Freund, Sir Lanzelot. Artus reagierte jedoch nicht mit Eifersucht, Hass und Wut, sondern mit Verständnis. Schwierigkeiten bereitete ihm außerdem seine Halbschwester Morgane le

Faye. Sie verführte ihn, ohne dass er von ihrer beider Verwandtschaft wusste, und bekam von ihm einen Sohn, Mordred, den großen Gegenspieler des Königs Artus. Morgane versuchte, die Tafelrunde zu Fall zu bringen, scheiterte aber an der hohen Moral der Ritter. Besonders gegen Sir Galahad, den reinsten Ritter, konnte sie nichts ausrichten.

Als Galahad von Merlin zur Tafelrunde gebracht wurde, setzte er sich auf den 13., den »gefährlichen Sitz«. Da leuchtete auf dessen Lehne sein Name auf. Er war der lang Erwartete. Gleichzeitig erschien der Gral, von Engeln getragen, und vor jedem Ritter füllte sich ein Teller mit den besten Speisen. Die Ritter waren von diesem Ereignis so ergriffen, dass sie alle, nachdem sich der Gral wieder zurückgezogen hatte, nach ihm auf die Suche gingen – nur Artus nicht. Als die Ritter Camelot verlassen hatten, sagte Gawain zu Artus: »Du musst jetzt umkehren, denn du bist keiner von uns.« Auch Merlin ging nicht mit. Er hatte seine Aufgabe erfüllt und zog sich von der Tafelrunde zurück.

Für Artus kam es dann unausweichlich zu einem letzten Kampf gegen seinen Sohn Mordred. Seine Ratgeber schauten in die Sterne und rieten ihm davon ab, sein Zelt am nächsten Tag zu verlassen, da ihm Gefahr drohe. In der Nacht hatte der König einen Traum: Er sah sich am Rad des Schicksals, das von der Göttin Fortuna bewegt wurde. Einmal sah er sich oben als König und dann wieder unten als Bettler. Und er erkannte die unbeugsame Gesetzmäßigkeit im Lauf der Inkarnationen. Er blickte zurück auf sein Leben und entdeckte die Relativität allen Strebens nach Güte und Vollkommenheit in dieser Welt.

Mit diesen Einsichten ging er am nächsten Tag auf den Kampfplatz und stellte sich dem Kampf mit seinem Sohn. Beide fügten sich gegenseitig tödliche Wunden zu. Mordred starb, und Artus ließ sich von seinem Freund Bedivere zu einem nahe gelegenen See bringen. Dort gaben beide das Schwert Excalibur der Dame vom See zurück. Ein Boot mit neun Frauen erschien. Sie nahmen Artus mit auf die Gläserne Insel, nach Avalon, um ihn gesund zu pflegen, damit er wieder erscheine, wenn es an der Zeit sein werde. »King Arthur, the once and future king«; Artus, der einzige König in Vergangenheit und Zukunft.

Die Suche nach dem Gral wurde fortgesetzt. Und wenn auch viele Ritter dabei umkamen und in die Irre gingen – drei Ritter fanden den Gral: Sir Bors, Sir Parzival und Sir Galahad. Aber nur einer der Ritter durfte sich ihm nähern: Sir Galahad. Und in der Sage heißt es: Er verschwand aus dieser Welt.

Schön ist diese Geschichte, voller Edelmut und Tapferkeit, voller Tragik und auch voller Wunder. So, wie sie erzählt wurde, gefällt sie dem einen, dem irdischen Teil der Seele, der sagt: *Ja, das waren Helden! Artus, Lanzelot, Parzival und Galahad. Wenn sie doch wiederkämen!* So hat man uns erzogen: Die Helden sind immer die anderen. Und dann drehen wir uns um, und unser Leben geht weiter: essen, trinken, schlafen. Vielleicht verbringen wir unseren Urlaub damit, dass wir an die Orte fahren, an denen der Mythos stattgefunden haben soll.

So betrachtet wäre die Sage nur eine Geschichte zur Unterhaltung. Aber das ist sie nicht! Sie enthält auch eine Botschaft, die in jeder Facette dieser Geschichte durchklingt. Es ist die Lebensgeschichte des Menschen, es sind die eingeätzten Fakten seiner Suche im Leben, seiner Ideale, seiner Mutlosigkeit, seiner Entdeckungen und seiner Enttäuschungen. Was hat er gesucht? Was sucht er jetzt in dieser Zeit der schnellen Maschinen und des Kunststoffs? Sein ganzer Lebensbetrieb ist nicht anders als der den Gral suchenden Ritter. Der eine wird von einem hohen Ideal und dem Verlangen, seinem Mitgeschöpf zu dienen, getrieben, der andere von der Sucht nach Macht über die Natur und ihre Geschöpfe. So hat jeder die verschiedenen Aspekte der Suche in sich. Jeder Mensch hat einen König Artus in sich. Ein rechter König ist kein Tyrann oder Machthaber, sondern ein wahrer König übernimmt Verantwortung für sein Leben und das Leben anderer. Er benutzt die Menschen nicht für seine eigenen Ziele und beutet sie nicht aus, sondern stellt seine Fähigkeiten in den Dienst der Menschen. Ebenso der Ritter: Ein Ritter kämpft nicht für seinen eigenen Vorteil. Gibt es solche Ritter noch? Jeder besitzt doch wohl noch etwas von dieser inneren Stimme seines Gewissens, die ihn anspornt, den rechten Pfad zu gehen. Um auf sie hören zu können, bedarf es der Ruhe und der Stille. Auf diese Stimme lauschend, kann der irrende Ritter sein wahres Lebensziel erkennen, entdecken und erreichen.

6
Parzival – der Weg des Suchers

Die Macht der Kirche war in der ruhelosen Zeit des hohen Mittelalters enorm groß. Sie beanspruchte die vollkommene Herrschaft über die Seelen der Menschen und versuchte, diesen Anspruch mit aller Härte durchzusetzen: innerhalb der Christenheit durch gewaltsame Unterdrückung der Gewissensfreiheit, und gegen den sich entfaltenden Islam durch immer neue Aufrufe zu weiteren Kreuzzügen. Aber die Kultur des Nahen Ostens hatte ein weitaus höheres Niveau erreicht als der Westen, und so brachten die Kreuzfahrer viele neue Impulse für ihre eigene Kultur mit nach Haus.

In diesem Zusammenhang ist die Geschichte von Parzival und seiner Suche nach dem Gral zu sehen. Sie wurde in den umfangreichen Versromanen von Chrétien de Troyes und Wolfram von Eschenbach erzählt. Es sind, äußerlich betrachtet, Abenteuerromane, die von Heldentaten, von Treue, Mut und Minne der Ritter berichten und von der Schönheit und Tugendhaftigkeit ihrer Damen, die die Ritter »Herrin« nannten und zu deren Ehre und Ruhm sie auf Bewährungsproben auszogen.

Aber man kann in diesen Erzählungen auch einen Einweihungsweg finden, gewiss verschleiert, aber mit Hilfe einiger Schlüssel gut zu verstehen. In bunten, märchenhaften Bildern hielten die Bogomilen, die Templer und die Katharer ihre jahrhundertealte Weisheit lebendig. Und es gelang ihnen, dieses Gedankengut an die nachfolgenden Geschlechter weiterzugeben.

Wolfram von Eschenbach, auf den wir uns vor allem beziehen wollen, stützt sich mit seinem *Parzival* auf den unvollendeten Roman Chrétiens, betont aber, dass seine wahre Quelle eine ganz andere ist Er beruft sich auf einen gewissen Magier mit dem Namen Kyot, einen Eingeweihten, der die Geschichte vom Gral in einer vergessenen arabischen Handschrift in Toledo fand.

Diese Handschrift stammt aus dem Orient und von einem Weisen mit Namen Flegetanis, der die Herkunft des Grals aus den Sternen gelesen hat. *Eine Engelschar ließ ihn auf der Erde zurück, als sie über die Sterne hoch emporflog.* Kyot stellt Nachforschungen an, welchem irdischen Geschlecht die kostbare Himmelsgabe wohl anvertraut worden sein könnte. Er kommt auf das Geschlecht *Anschaue*. Damit ist kein damals bestehendes Herrscherhaus gemeint, sondern ein Geschlecht, das die reine geistige Anschauung Realität werden lassen konnte.

Wolfram unterstützt die Herkunft der Gralslegende aus der Sternenwelt noch auf seine Weise. Er betont, dass er kein Gelehrter, sondern ein Ritter ist, ja, dass er nicht einmal lesen und schreiben könne.

Das brauchen wir nicht wörtlich zu nehmen. Es zeigt Wolframs Bescheidenheit gegenüber seiner Geschichte, die allem farbigen äußeren Schein zum Trotz von den höchsten Dingen handelt: vom Weg der sich sehnenden Seele über viele Läuterungen und Prüfungen zur Verschmelzung mit den göttlichen geistigen Kräften im Gral. Das ist eine Geschichte, die heute noch genau so aktuell ist wie zur Zeit Wolfram von Eschenbachs und aus der wir für unseren heutigen Weg viel lernen können, wenn wir sie richtig verstehen.

Wolfram von Eschenbachs Parzival-Roman beschreibt den Weg eines Menschen, der aus der irdischen Natur zurück zu seinem göttlichen Ursprung geht. Adam hatte sich in Eigenwilligkeit von der Hand Gottes gelöst. Gehorsam war das einzige Gebot, das Gott für die Unsterblichkeit verlangte. *So haben wir alle seit Adams Geschlecht Schmerz und Freude,* ist Trevrizents Beschreibung des menschlichen Daseins. Freude: Gott verlässt sein Geschöpf niemals – und Schmerz: Wir tragen alle an der Last der Sünde. Und so liegt Amfortas, der ursprüngliche göttliche Mensch, seit seinem Abfall vom göttlichen Willen todkrank in der Gralsburg darnieder und wartet auf seine Erlösung. Jedes Menschenkind trägt diesen Amfortas in sich und die Gralsburg um sich, wenn wir sie als Symbol für den Mikrokosmos verstehen wollen. Erst wenn die Prä-Erinnerung in ihm zu sprechen beginnt, kann sich der Mensch dieser Zusammenhänge allmählich bewusst werden.

Die Weissagung prophezeit, dass nur ein reiner Tor, durch Mitleid erleuchtet, die Erlösung bringen kann. Durch sein inneres Erbe ist Parzival derjenige, der zum Erlösungsweg berufen ist. Sein Vater hat durch sein Leben als mutiger Ritter alle im Irdischen möglichen Erfahrungen gesammelt und so Herzeloyde – ein Symbol für den Seelenanteil, der um das Leid weiß – zur Frau gewonnen. Herzeloyde ist vom Gral geschickt, um ein Kind zu gebären, das den Weg zum Gral wiederfindet und dadurch auch für andere diesen Erlösungsweg sichtbar macht. In Parzival wirken also vom Vater her das kollektive Erbe der Erfahrungen der gesamten Menschheit sowie von der Mutter her die Ahnung seiner göttlichen Berufung. Das Narrenkleid, mit dem ihn die Mutter in die Welt entlässt, symbolisiert seine reine Seeleneinfalt. Die

Lehren seiner Mutter richten sich deshalb auch nur an dieses Seelenwesen in ihm. Macht der unvernünftige Naturmensch diese Lehren aber ihrer wörtlichen Bedeutung nach zur Basis seines Handelns, verursacht er Leid und lädt Schuld auf sich. Parzival muss erst durch viele Erfahrungen das Unterscheiden lernen, so z.B. zwischen dem Naturwesen einer »schönen, holden Frau« und der übertragenen Bedeutung einer reinen, aufnehmenden Seele, die oft durch die holde Frau symbolisiert wird.

Auf seinem Weg in die Welt begegnet Parzival mehrmals Sigune. Sie verkörpert die Stimme der Prä-Erinnerung in ihm. Beim ersten Zusammentreffen nennt sie ihm seinen Namen und seine Herkunft. *Parzival bist du genannt, das Wort will mitten durch besagen.* Das bedeutet, dass sein Weg zu wahrer Erkenntnis durch die Tiefen der irdischen Natur führt. Aber auch hier erkennt er die wahre Bedeutung seines inneren Auftrags noch nicht. Er sehnt sich zunächst nach weltlichem Rittertum, dessen edelste Ausprägung durch die Ritter der Tafelrunde des Königs Artus angedeutet wird. Es ist die Gruppe derer, die alles erreicht haben, was an Naturvollendung möglich ist.

Die vielen Ritter, Herrscher, Frauen und anderen Gestalten, denen Parzival auf seinem Weg begegnet, sind Bilder für Kräfte in ihm selbst, also für Gefühle, Kenntnisse und Verlangen. Seine Bestimmung führt ihn jeweils zu den Dingen, die in seinem Leben noch Knoten bilden und aufgelöst werden müssen. Als Minneritter befreit er Kondwiramur von ihren Feinden und gewinnt sie zur Frau. Es ist die bleibende Verbindung mit seiner erwachenden neuen Seele; so bedeutet denn auch der Name Kondwiramur »Die, die zur Liebe führt«. Von der Ursehnsucht getrieben – Eschenbach stellt es dar als Sehnsucht nach seiner Mutter – und innerlich geleitet von Kondwiramur, begibt sich Parzival wieder auf den Weg und erreicht zum ersten Mal die Gralsburg. Da er noch zu sehr von Gurnemanz' weltlichen Lehren geprägt ist, versteht er nichts von dem Geschehen dort und kann die erlösende Frage noch nicht stellen.

Das Schwert, das Amfortas ihm schenkt, hilft ihm auf seinem weiteren Weg, zwischen Irdischem und Göttlichen zu unterscheiden. Dadurch erkennt er seine Verfehlungen und beginnt, sie wieder gutzumachen. Durch Kundries Verfluchung während seines Aufenthalts an Artus' Tafelrunde entsteht in ihm Sündenbewusstsein. Schlagartig wird ihm sein Versagen auf der Gralsburg bewusst, d.h. sein Versagen seinem höheren Lebensauftrag gegenüber. Durch das Erkennen seines Unvermögens sehnt er sich nur noch danach, den Gral zu finden und mit seiner Frau Kondwiramur – das ist seine neue Beseelung – wieder vereinigt zu sein.

Entmutigt und an Gott zweifelnd, sogar ihn hassend, irrt er durch die Welt. Ihn schmerzt, dass ihm der Gral verborgen bleibt. In der tiefsten Verlassenheit und Hilflosigkeit kann ihn die Hilfe Gottes wieder erreichen. Er trifft auf den grauen Ritter, der mit seiner Familie barfüßig durch den Schnee pilgert. Dieser Ritter sagt Parzival, dass es gerade Karfreitag ist und er getrost auf Gottes Gnade hoffen darf. Auf die helfenden Kräfte Gottes vertrauend, lässt Parzival seinem Pferd die Zügel. Es führt ihn ungelenkt zu dem Einsiedler Trevrizent. Dieser stellt Parzival ein neues Karfreitagverständnis vor das Bewusstsein, nämlich Gott zu lieben, wie es diesem heiligen Tag entspricht. Parzival erkennt, dass er seinen Willen Gott in seinem eigenen Karfreitagsopfer übergeben muss, so wie Jesus es den Menschen vorgelebt hat – in seinen Worten: *Herr, dein Wille geschehe.* Diese Minne zu Gott ist die wahre Liebe. Erst durch die Selbstübergabe können die göttlichen Gralskräfte den Menschen stärken und zur wahren Erlösung führen. Mit diesen neuen Kräften gestärkt, kann er die drei letzten Kämpfe bestehen. Mit dem Schwert des roten Ritters hatte Parzival die äußeren Kämpfe bestritten; mit Amfortas' Schwert bekämpft er nun die inneren Widersacher. Das sind Gramoflanz, das menschliche Machtstreben, Gawan, das menschliche Gütestreben, und Feirefiz, das menschliche Streben nach Weisheit und Kenntnis. Feirefiz wird als schwarz-weiß beschrieben, da er allen Reichtum und alle Erkenntnis dieser Welt, gute wie schlechte, zusammengetragen hat.

Diese Kämpfe entsprechen den drei Versuchungen Jesu in der Wüste. Die versuchenden irdischen Kräfte dürfen jedoch nicht »getötet« werden. Es muss eine Überwindung und dann eine Aussöhnung erfolgen. Parzival ist als Sieger in diesen Kämpfen ein »reiner Tor« geworden. d.h. ein Mensch, der nicht mehr mit dem Ich und um der Ich-Befriedigung willen die Erlösung sucht. Er ist auf dem harten Weg durch die Finsternis zur Einsicht über die Absonderung des Menschen von Gott gelangt. Er ist zum Heilbegehren gekommen, um sich schließlich mit seinem ganzen Wesen wieder Gottes Willen zu übergeben. So wird verständlich, was Trevrizent ihm erklärt hatte: *Niemand kann den Gral erjagen, der nicht im Himmel so bekannt ist, dass er mit Namen berufen werde zum Gral.*

Erst nach diesen inneren Kämpfen kann Parzival von Kundrie zur Gralsburg geführt werden. In der Gralsburg, dem eigenen Mikrokosmos, findet die bewusste Begegnung mit Amfortas statt. Aus wahrer Liebe und aus tiefem Mitleid kann Parzival jetzt die erlösende Frage stellen: *Oheim, was wirret euch?* Es ist die Frage, die jeder Mensch einmal sich selbst stellen muss. Und die Antwort – die Wiederherstellung des leidenden Mikrokosmos – kann er dann in sich und in seinen Mitmenschen verwirklichen. Ein Teil des Auftrags an Parzival war es, einen Menschenbruder mit auf die Gralsburg zu bringen. Er wählt Feirefiz, dem dadurch die Gnade der Geisttaufe ermöglicht wird. Dieser wird dann in ferne Länder geschickt, um auch dort die Gralsbotschaft auszutragen und die Menschheit aus ihrem Leiden zu erlösen.

Parzival ist zum Gralskönig geworden mit Kondwiramur an seiner Seite. So sind das gereinigte Herz und das erneuerte Haupt vereinigt. Lohengrin ist ihr Sohn, der erneuerte Mensch, der in die Welt ausgeht, um sie zu retten.

Die Geschichte
Der geheimnisvolle Gral, ein Stein von ganz reiner Art, »Himmelsstein« genannt, der Speise, Trank und Lebenskräfte allen spendet, die um ihn versammelt sind, wird von einem seit langem kranken König auf einer schwer erreichbaren Burg behütet. Dieser König, Amfortas genannt, kann nur von seinem Leiden erlöst werden, so heißt es, wenn ein vollkommener Ritter, der sich durch eine untadelige Lebensweise und durch ein vortreffliches Rittertum auszeichnet, die Gralsburg findet und eine bestimmte Frage an ihn richtet.

Im Lauf der Handlung entwickelt sich Parzival zu diesem idealen Ritter. Seine Eltern sind beide königlicher Abkunft. Sein Vater ist Gachmuret von Anschaue, ein erfolgreicher und weit gereister Ritter, seine Mutter, Herzeloyde, ist eine Königin aus dem Gralsgeschlecht. Gachmuret stirbt bereits vor Parzivals Geburt in einem Feldzug. Daraufhin zieht sich Herzeloyde mit ihrem Kind in eine Waldgegend zurück, damit der heranwachsende Parzival keinen Kontakt mit dem Rittertum bekommen kann. Sie will ihn so vor frühem Leid und Tod bewahren. Doch als der Jüngling einer Rittergruppe im Wald begegnet, ist er tief beeindruckt. Er hat nur noch ein Ziel, nämlich selbst ein Ritter zu werden. Er will an den Hof von König Artus gehen, denn die Ritter haben ihm gesagt, dass dieser die Ritterwürde verleiht.

Schweren Herzens lässt Herzeloyde Parzival in einem Narrenkleid ziehen. Sie hofft, dass er bei seiner Reise verlacht wird und entmutigt zu ihr zurückkehrt. Sie gibt ihm einige Verhaltensratschläge mit auf den Weg. Nach dem Abschied Parzivals bricht ihr das Herz. Parzival gelangt zur Burg des Ritters Gurnemanz. Dieser lehrt ihn nicht nur, mit Lanze und Schwert umzugehen, sondern auch die höfischen Regeln des Rittertums zu beachten. Gurnemanz' Tochter Liasse erzählt Parzival von ihrer Kusine, der Königin Kondwiramur. Deren Landeshauptstadt wird von einem übermächtigen Heer belagert, weil ein König gewaltsam Kondwiramurs Hand erringen will. Parzival reitet dorthin, bezwingt die Gegner und heiratet Kondwiramur.

Bald aber nimmt er Abschied von ihr, um seine Mutter zu besuchen. Er gelangt unterwegs gegen Abend in einem menschenleeren Gebiet an einen See. Ein reich gekleideter Fischer weist Parzival zu einer nahe gelegenen Burg. Dort erweist man ihm jede erdenkliche Höflichkeit. Beim prachtvollen Abendessen sitzt er neben dem Fischer. Es ist der kranke Herr der Burg. Eine blutende Lanze und ein Gefäß, von dem eine Wunderwirkung wie von einem Tischlein-deck-dich ausgeht, werden vorbeigetragen. Der Gastgeber schenkt Parzival ein kostbares Schwert mit einem Rubingriff. Parzival staunt über alles, was er sieht und erlebt, stellt aber keine Frage. Am nächsten Morgen findet er die Burg leer vor und verlässt sie irritiert. Er trifft seine Kusine Sigune und erfährt von ihr, dass er auf der Gralsburg war, erfährt zu seinem Schrecken aber auch, dass er den kranken Gralskönig wegen der unterlassenen Frage unerlöst gelassen hat. Er nimmt sich vor, alles wieder gutzumachen. Nach weiteren Abenteuern gelangt er in das Artuslager. Parzival wird in die Ritterrunde aufgenommen. Doch nun erscheint Kundrie, die Gralsbotin, und verflucht ihn wegen seines Verhaltens auf der Gralsburg. Parzival fühlt sich entehrt, reitet in die Welt hinaus und versucht jahrelang vergeblich, die Gralsburg wiederzufinden. Als

Ritter bleibt er in seinen vielen Zweikämpfen unbesiegt, aber innerlich hadert er mit Gott und seinem Schicksal.

Am Tiefpunkt seiner Verzweiflung, an einem Karfreitag, als Parzival in voller Rüstung sein von einem Gralsritter erbeutetes Pferd scheinbar ziellos laufen lässt, gelangt er zur Klause eines Einsiedlers. Der Einsiedler Trevrizent ist ein Bruder seiner Mutter und auch des kranken Gralskönigs Amfortas. Vor Zeiten war er ebenfalls ein ruhmreicher Ritter gewesen, hatte sich jedoch vom weltlichen Rittertum zurückgezogen, als Amfortas verletzt worden war. Dass der Gralskönig überhaupt noch am Leben ist, liegt allein an der Wirkung des Grals, weil keiner sterben kann, der den Gral regelmäßig sieht.

In der kärglichen Umgebung des Einsiedlers bleibt Parzival vierzehn Tage und erhält Aufklärung über die Zusammenhänge des Geschehens um den Gral. Er findet zum Glauben an die Treue Gottes zurück und bereut seine in Unwissenheit verursachte Schuld. »Da«, so schreibt Wolfram von Eschenbach, »schied ihn sein Wirt von Sünden und riet ihm gleichwohl zu ritterlichem Leben.« Parzival kehrt also in die Ritterwelt zurück. Noch hat er seine drei schwersten Kämpfe zu bestehen. Er erfährt erst nachträglich, gegen wen er gekämpft hat. Bei der letzten seiner Tjosten mit einem reich geschmückten, herrlichen Ritter entspinnt sich ein Kampf von nie dagewesener Härte. Schließlich zerbricht das starke Schwert Parzivals auf dem gegnerischen Helm. Nun sprechen die Helden miteinander und erkennen sich an ihren Namen als beide aus dem Geschlecht »Anschaue« stammend, als Söhne desselben Vaters, nämlich des edlen Gachmuret. Der ältere Halbbruder Feirefiz ist einer der reichsten Männer der Erde und besitzt viele

Königreiche. Seine Haut ist schwarz-weiß gefleckt. Er verehrt die Götter Jupiter und Juno.

Die Brüder werden als die beiden besten und ruhmreichsten Ritter von Artus in die Tafelrunde aufgenommen. Da erscheint Kundrie und bringt die Botschaft, dass Parzival vom Gral als Gralskönig erwählt ist. Er darf einen Begleiter mitbringen. Er wählt seinen Bruder Feirefiz, und beide werden von Kundrie zur Gralsburg geleitet. Parzival stellt nun in bewusster Ausrichtung auf den Gral die lang ersehnte Frage: »Oheim, was wirret euch? Oheim, was fehlt euch?« Amfortas findet in kürzester Zeit seine Gesundheit wieder. Parzival wird zum neuen Gralskönig gewählt. Auch Parzivals Ehefrau, Königin Kondwiramur, kommt nach Montsalvat, weil sie von Kundrie zur Gralsburg eingeladen worden war. Parzival sieht zum ersten Mal ihre gemeinsamen Zwillingssöhne Kardeiss und Lohengrin. Lohengrin wird einmal Erbe und Nachfolger des Gralskönigs sein.

Auf der Gralsburg wird ein Fest der Freude gefeiert. Der Gral wird von einer jungfräulichen Königin hereingetragen, von Repanse de Schoie, der Schwester Amfortas'. Teller und Pokale füllen sich durch den Gral. Feirefiz sieht dem belustigt zu und verliebt sich spontan und tief in die Trägerin des Grals, aber den Gral selbst kann er noch nicht sehen. Durch die nie gekannte, unwiderstehliche Liebe zu der schönen Trägerin des Grals wird Feirefiz bereit, sich von seinen Göttern wie auch von seiner ersten Frau loszusagen und in die christliche Taufe einzuwilligen. Nach der Taufe kann auch Feirefiz den Gral sehen. Er erhält Repanse de Schoie zur Gemahlin.

7
Die Katharer auf dem Weg zum heiligen Gral

Die Bewegung der Katharer trat in der Blütezeit der Gralserzählungen auf. Die damaligen Minnesänger, die Troubadoure, besangen die göttliche Liebe in mystischen Bildern und rezitierten an den Fürstenhöfen die Gralsdichtung. Die Katharer blieben jedoch nicht bei der Anschauung stehen. Sie versuchten, den Weg zum heiligen Gral, zur göttlichen Liebe, durch eine täglich angewandte Lebenshaltung der Reinheit wirklich zu gehen.

Um 950 n.Chr. predigten die Bogomilen, von Bulgarien ausgehend, die urchristlich-gnostische Lehre, wie sie ihnen von den Manichäern vorgelebt und hinterlassen worden war. Vom Jahr 1000 an setzten die Katharer die Verkündigung der esoterischen christlichen Erlösungslehre fort, und schon nach kurzer Zeit erlebte diese Glaubensbewegung eine hohe Blüte. Am Ende des 12. Jahrhunderts hatte noch kaum jemand in Europa vom Gral gehört, und gegen Ende des 13. Jahrhunderts war er plötzlich in aller Munde. Offenbar war das Gralsgefäß, der mit den *Kräften des Geistes gefüllte Krater,* wie ihn Hermes Trismegistos nannte, über Europa erschienen, um den reifen Seelen die erlösende Liebesbotschaft zu bringen.

Die Hochburg der Katharerbewegung lag in Aquitanien, einem Teil des damaligen Südfrankreich, in dem eine außergewöhnliche Hochkultur entstanden war. Speziell im

Languedoc – einer großen Provinz in Aquitanien – blühte in den Grafschaften und auf zahlreichen Burgen der Minnesang und wurde die reine christliche Botschaft der Katharer verkündet.

Die Suche nach dem heiligen Gral der Katharerbruderschaft führt uns in die Region des Sabarthez. Das Geheimnis dieser Landschaft finden wir in ihrem Wappen in die Worte gefasst: *Sabarthez, custos summorum.* Das bedeutet: »Sabarthez, Bewacher des Allerhöchsten«. Dieses Allerhöchste ist symbolisch dargestellt durch den geflügelten heiligen Gral in einem Licht ausstrahlenden Sonnenkörper.

Das Sabarthez mit seiner Hauptstadt Tarascon war eine kleine Landvogtei im Languedoc, die einen Teil des lieblichen Ariège-Tales und das Hochland von Sem umfasste. Sie wurde von dem Land der Grafschaft Foix umschlossen. Auf einem Felsen, der das Ariège-Tal um 100 m überragt, erhebt sich auch heute noch das majestätische Schloss, das einstmals die Grafen von Foix bewohnten. Sie waren Förderer und Beschützer der Schule des heiligen Grals und der Katharerbruderschaft.

Im Mittelalter war diese Burg ein berühmter Minnehof, an dem Troubadoure wie Chrétien de Troyes, Bertrand de Born und auch Wolfram von Eschenbach gern gesehene Gäste waren.

Das Tal der Ariège mit seinen etwa 50 Grotten und Höhlensystemen, die sich viele Kilometer weit in engen Galerien, aber auch in weiten Gemächern und hohen Hallen bis tief in das Gebirge hinein verzweigen, ist den dort lebenden Menschen zu allen Zeiten Zuflucht und

Wohnstatt gewesen. Außerdem schenkte es ihnen durch seine warmen Quellen Heilung und diente durch seine besondere Atmosphäre als natürliches Heiligtum.

Aus den Spuren der dort gefundenen Felzeichnungen lässt sich die Geschichte der menschlichen Besiedlung und auch Religiosität um 12.000 Jahre zurückverfolgen. Die Hügel und Höhlen des Sabarthez haben vor den Katharern schon den Kelten und Druiden als Kultplätze gedient. Ebenso findet man manichäische, paulikianische und priscillianische Einflüsse, alles Ausdrucksformen gnostischer Geistesströmungen.

Der Name Katharer leitet sich vom griechischen *katharos* ab, was so viel wie *rein* heißt. Die Katharer nannten sich selbst schlicht »Christen«. Die Bevölkerung sprach von ihnen als *les cathares – die Reinen –*, oder *les bonhommes – die Gutmänner*. Die Bezeichnung *Albigenser* wurde ihnen von der Kirche gegeben, die mit diesem Namen alle so genannten ketzerischen Bewegungen in Aquitanien bezeichnete.

Katharer wurde man nicht durch Taufe oder Eintrittserklärung in eine Glaubensgemeinschaft. Ein langer Vorbereitungsweg in christlichem Tatleben nach dem Vorbild Jesu war nötig. Die Katharer waren sich bewusst, dass nicht ein Formendienst durch rituelle Nachahmung die Erlösung aus der Gebundenheit der Seele an den Stoff herbeiführt, sondern dass das christliche Einweihungsmysterium des heiligen Grals in der tatsächlichen Nachfolge auf dem Weg von Bethlehem nach Golgatha vollzogen werden muss.

Wenn wir einen damaligen jungen Adepten auf seinem

Weg begleiten, können wir am ehesten nachempfinden, mit welcher Ernsthaftigkeit und Hingabe sich die Katharer ihrem inneren Tranformationsprozess weihten. Der Kandidat, der sich entschlossen auf den Weg zum heiligen Gral begab, entsagte dem bürgerlichen Leben, der Ehe, dem irdischen Besitz und dem Fleisch- und Weingenuss. Er durchlebte das »Endura«, das freiwillige Ersterben der Ichheit, damit seine Persönlichkeit, von allen irdischen Bindungen befreit, zum würdigen Gefäß für die göttliche Licht- und Liebeskraft wurde. Die Vorbereitungszeit, die Jahre in Anspruch nahm, wurde von vielen Adepten in den Grotten im Ariège-Tal verbracht. Schon seit dem Jahr 1000 bewohnten die Katharer die riesigen Grotten und weihten sie als natürliche Tempelstätten ihrem inneren Weg zum heiligen Gral. Teilweise haben die Katharer die Grotten befestigt und mit Mauern abgeschlossen, so dass die schwer zugänglichen, sogenannten Spoulgas entstanden.

Südlich von Tarascon über dem Dörfchen Ussat/Ornolac in der Montagne sacrée, dem heiligen Berg, liegen die Kirchen der Katharer. Noch im 13. Jahrhundert war die Talsohle von einem natürlichen Stausee bedeckt, dessen Wellen bis nahe an die Grotten schlugen, die als Kirchen dienten. Der Kandidat, der den Weg zum heiligen Gral gehen wollte, zog sich in die Einsamkeit dieser geweihten Stätten zurück. Nachdem er die »symbolische Mauer« durchschritten, das heißt, Abschied von dieser Welt genommen hatte, rang er sich mit Hilfe seiner älteren Brüder von Stufe zu Stufe empor bis zur Vollendung. Die Etappen dieses Weges waren begleitet von Schweigen, Fasten, Arbeiten, Erlernen der Astrosophie, der Heilkunst und der stufenweise enthüllten Heilsbotschaft des christlichen Einweihungsmysteriums, das sich vor allem am Johannes-Evangelium orientierte.

Die Katharer wussten, dass nur erlösende Erkenntnis und dienendes Leben zum Gral führen. Kurz vor der Einweihung »starb« der Kandidat, nachdem er vierzig Tage gefastet hatte, den »mystischen Tod«. Er wurde in der Grotte Kepler für drei Tage symbolisch ins Grab gelegt, um sein Endura, das Sterben am Kreuz der Natur, zu vollenden. So konnte seine Seele in der tatsächlichen Nachfolge Jesu das »Consummatum est« – »Es ist vollbracht« – erleben.

Das Gralsmysterium ist eng mit dem Todeserlebnis verbunden. Die Schrift auf dem Gral, durch die der Kandidat zur Bruderschaft berufen wurde, ist ein Epitaph, eine Grabinschrift. Dieses Endura bedeutet nicht den physischen Tod. Das alte Ich, die Bindung des Bewusstseins an die irdische Natur, muss der erneuernden Christuskraft übergeben werden, damit die Seele wiedergeboren werden kann.

Am dritten Tag wurde der Kandidat dann von seinem Meister aus dem »Grab« gerufen und konnte sein »Consolamentum«, das Sakrament der Tröstung, empfangen und durch seine reine Seele mit dem Geist Gottes verbunden werden. Dieses große Ereignis fand in der Bethlehem-Grotte statt. Der Kandidat betrat diese Grotte durch die mystische Pforte. In der Bethlehem-Grotte lag ein Altarstein aus druidischer Vergangenheit. Ein weißes Leinentuch bedeckte den Granit, und die Bibel lag, aufgeschlagen beim Johannes-Evangelium, auf dem Opfertisch. In einer Aussparung in der Felswand stand hinter einem Vorhang das Gralsgefäß. Ebenfalls aus druidischer

Vergangenheit stammt das Pentagramm, ein aus der Felswand der Grotte herausgemeißeltes Fünfeck, das die Umrisse des Sterns von Bethlehem erkennen lässt. In dieser fünfeckigen Vertiefung stand der Kandidat, wenn er das Siegel seiner Einweihung, das Konsolamentum, empfing. Sein Körper mit aufgerichtetem Kopf und ausgebreiteten Armen und Beinen bildete selbst einen fünfzackigen Stern.

Die Christusgeburt in Bethlehem war dem Kandidaten zu einer leibhaftigen Wirklichkeit geworden. Und er wusste, so bezeugt es Antonin Gadal, der Patriarch der Katharer und ihr Zeuge in unserer Zeit: *Nichts würde im Stande sein, den Menschen, den Bethlehem hervorgebracht hat, erzittern zu lassen, nichts würde ihn vom guten Weg abbringen können. Kein Mensch könnte die geheimnisvolle Kraft, die er vergegenwärtigt, bezwingen.**

Ein Parfait geworden, verließ der Eingeweihte das Heiligtum durch die mystische Pforte. Er zelebrierte erstmals ein priesterliches Ritual an einem granitenen Altar und richtete seine segnenden Worte an seine Mitgefährten. Nun wanderte der junge Vollkommene den berühmten Weg der Katharer, den man auch heute noch gehen kann, über die Montagne sacrée bis zur Burg Montségur, dem Zentrum der Parfaits, von wo aus er in die Welt zog, um den Menschen, die das Licht suchten, dieses Licht zu bringen.

Hoch auf einem Felsen gelegen, hat diese Katharerfestung die Form eines Schiffes. Sie wurde an einem Ort errichtet, an dem in alten Zeiten ein Sonnentempel stand, der die Mysterien des Zarathustra mit den

Menschen verband. In der mehrstufigen Kapelle sind die Baugesetze eines Sonnenheiligtums erneut verwirklicht. Am 24. Juni, dem Johannistag, um 12.00 Uhr mittags, drang ein Strahl der Sonne durch eine schmale Fensteröffnung und beleuchtete auf der gegenüberliegenden Wand des Heiligtums die Symbole des Gralsopfers Christi, des Sonnenlogos.

Als das Heer der Inquisition die Bewohner der Burg im Jahr 1244 zur Kapitulation zwang, erwirkten die Katharer einen zeitlichen Aufschub, um ihre spirituelle Arbeit dennoch vollenden zu können. Am Abend vor der Hinrichtung empfingen alle Mitglieder der Bruderschaft, die ihr Bekenntnis mit dem Flammentod besiegeln wollten, aus den Händen ihres Großmeisters, Bertrand Marti, das Consolamentum, um ihre hingegebene Seele auf ewig mit dem Geist zu verbinden. Der geheimnisvolle Schatz der Katharer, der heilige Gral, wurde fortan im Tal der Ariège in den Grotten gehütet. Am 16. März 1244 gingen 205 Männer und Frauen freiwillig in die Flammen des Scheiterhaufens. Die Legende berichtet, dass an jenem Tag, als sie Hand in Hand singend in das Feuer gingen, von einem Barden, der Zeuge war, folgende Prophezeiung ausgesprochen wurde:
Nach siebenhundert Jahren wird der Lorbeer wieder blühen auf der Asche der Märtyrer.

Im Jahr 1944 stieg der Patriarch der Bruderschaft der Katharer, Antonin Gadal, mit sieben Zeugen auf die Burg Montségur, um die Prophezeiung des Troubadours zu erfüllen. Die Sucher nach dem heiligen Licht, der Kraft des heiligen Grals, können verfolgt, gemartert und getötet werden, aber das Licht selbst kann niemals vernichtet werden, und wo es einmal geschienen hat, dahin kehrt es zurück.

So ist Albi ein Ort, in dem noch heute die überdimensionale Kathedrale als Beweis für den äußeren Sieg der Inquisition über die Ketzer das Stadtbild beherrscht. Wir wollen an dieser Stelle nicht über die schwärzesten Seiten im Buch der Kirchengeschichte sprechen – eingedenk des alles vergebenden Liebesgesetzes des Grals und der damit verbundenen Streitlosigkeit, die von den Katharern in beispielhafter Standhaftigkeit vorgelebt wurde. Aber in Albi ereigneten sich später unvermutete, wunderbare Prozesse, die zu einer spirituellen Umwendung und einem vollkommen neuen Impuls für die geistige Entwicklung der Menschheit führten.

Im Jahr 1167 war dort, in der Nähe von Albi, die Katharerbruderschaft durch den bulgarischen Patriarchen Nicetas zur Verwirklichung ihres spirituellen Auftrags berufen worden, nämlich die Mysterien der christlichen Einweihung in Europa bekannt zu machen. Die Menschheit sollte von der historischen, dogmatisch festgelegten Christus-Vorstellung in die befreiende Wirklichkeit der kosmischen Dimension der Christuskraft geführt werden, die wie ein Gral, gefüllt mit dem Licht, alle Finsternis aus den Seelen der Menschen vertreibt. Von der Einsicht getrieben, unheilbar verwundet durch die Ahnung der Wahrheit, sollten die Menschen sich auf den Weg zur Geburt einer neuen Seele begeben, die nicht mehr auf die Lieder des eigenen selbstbezogenen Willens hört, sondern in den Christus-Radiationen atmet und teilhat an dem Liebeswunder des Grals und seiner wunderbaren Speisung aller, die nach dem wahren ewigen Leben hungern.

Und wieder in Albi, im berühmten Rosengarten, direkt neben der Siegeskathedrale der Inquisition, wurde der jungen gnostischen Bruderschaft des Goldenen Rosenkreuzes im Jahr 1954 durch das universelle Licht die Fortführung und Weiterentwicklung der Arbeit der Katharer übertragen. Jan van Rijckenborgh, dem Großmeister der Geistesschule des Goldenen Rosenkreuzes, wurde das Großmeistersiegel vom Patriarchen der Katharer, Antonin Gadal, übergeben, das Siegel, das der bulgarische Patriarch Nicetas der Katharerbruderschaft im 12. Jahrhundert anvertraut hatte.

Als sichtbares Zeichen dieser inneren geistigen Verbindung wurde am 5. Mai 1957 in Ussat-les-Bains im Ariègetal ein Monument unter dem Namen »Galaad« errichtet. Dieser Name taucht auch in den Gralserzählungen auf. Wörtlich übersetzt heißt er: »Steinernes Mal des Zeugnisses«. Auf dem Viereck des kubischen Monuments liegt der Altarstein, an dem der Parfait nach seiner Einweihung in Bethlehem sein erstes Ritual zelebrierte. Dieser Stein wurde der jungen gnostischen Bruderschaft vom letzten Patriarchen der Katharer für das Monument übergeben. Dieses Monument vergegenwärtigt die ununterbrochene welterlösende Arbeit der Christus-Hierarchie in ihrer dreifachen Wirksamkeit: Gral, Katharer und Kreuz mit Rosen.

Es ist selbstverständlich, dass zum Beispiel die Grotte Bethlehem und die Grotte Lombrives, die »Kathedrale« in Ussat-les-Bains, Orte sind, an denen wir die besondere Atmosphäre der inneren Reinheit und Dienstbarkeit noch immer deutlich spüren können. Die Kathedrale der Grotte Lombrives ist ein natürlicher Dom mit einer Höhe von ca. 80 Metern. Dort hielten die Katharer ihre Gottesdienste. Im Jahr 1328, also vierundachtzig Jahre nach dem Fall Montségurs, wurde diese Grotte zugemauert und so definitiv von der Außenwelt abgeschlossen. 510 Katharer wurden darin eingesperrt, konnten nicht mehr von der Umgebung versorgt werden und verhungerten. Ihre Überreste hat man später gefunden.

Wenn die Botschaft des Grals der Menschheit auch in farbigen Bildern übertragen wurde, so ist der Gral doch entschieden kein Märchen. Er ist eine lebendige, vibrierende Wirklichkeit, auch in unserer modernen Zeit. Wir nähern uns dieser Wirklichkeit nicht durch Schwärmerei. Der Gral besitzt eine Dimension, die erschlossen werden kann und muss durch die nüchterne Praxis des Endura. Das heißt, Preisgabe der irdischen Interessen und Streben nach der Verbindung mit dem Geist Gottes, der universellen Gnosis.

Nach dem hermetischen Gesetz »Wie oben, so unten« hat der Gral einen makrokosmischen, einen kosmischen und einen mikrokosmischen Aspekt. Der makrokosmische Aspekt ist das All der Offenbarung, der kosmische Aspekt betrifft die Erde, den Wohnort der Menschheit, und der mikrokosmische Aspekt ist der Gralsbecher im Menschen selbst. Dieser Kelch muss wiedergefunden, gereinigt und zubereitet werden, um die heiligende Kraft des Geistes empfangen zu können.

Das Gralswunder ist für jeden Menschen. Deshalb berührt das Bild des lebenden Gral die tiefsten Schichten des menschlichen Bewusstseins und erweckt die schlummernde und eingekapselte Seele zum Leben. Durch die Erinnerung an die Wirklichkeit, die sie einst gekannt hat und die sich stets wieder erneut an die Menschheit wendet, wird sie zum Gottsucher. Und auf die zeitlose Frage: *Wollt ihr den Gral empfangen?* lautet die ebenso zeitlose Antwort: *Es gibt nur ein Gesetz: tiefes, heiliges Verlangen!*

---

* A. Gadal, *Auf dem Weg zum heiligen Gral*, Rozekruis Pers, Haarlem/Birnbach, 3. Aufl., 1991.

8
Kitesj – Symbol für einen ungeschändeten Kosmos

Der Gral ist ein Symbol für eine geistige Realität, die mit dem normalen menschlichen Bewusstsein nicht erfasst, ja, nicht einmal erahnt werden kann. Von diesem Symbol geht eine dynamische, schöpferische Kraft aus, die überall Genesung und Erneuerung bringt. Außerdem aktiviert und dynamisiert diese Kraft das Bewusstsein und die daraus entstehenden Aktivitäten der Menschen. Sie eröffnet die Pforten für intuitive Erkenntnisse, die das normale Tagesbewusstsein erleuchten können.

Der Gral wird in den Legenden in ganz unterschiedlichen Formen dargestellt, z.B. als Becher, als Kelch, als kostbarer, strahlender Edelstein, als reines Feuer, als überirdischer intensiver Ton, als alles heilende und heiligende Kraft, durch die weitere Nahrung überflüssig wird, oder als reines Weisheitslicht und auch als eine verborgene Stadt. Die hohe geistige Realität des Grals lässt sich offenbar nicht genauer beschreiben oder vom irdischen Bewusstsein erkennen. Vielleicht ist der Gral gerade darum ein Symbol, das die Menschen überall in der Welt tief im Herzen anspricht.

Der nicht materialisierte Gral ist eine feurige geistige Energie, die – wie alle Legenden übereinstimmend berichten – kein sterblicher Mensch ohne Vorbereitung ertragen kann. Sollte er es doch versuchen, würde diese einzigartige, unirdische Energie ihn verbrennen.

Der kosmische Gral ist unvergänglich. Seine geistigen Impulse erscheinen periodisch in der irdischen Welt und wirken einerseits durch Symbole, die Kraftlinien der Energie darstellen, und andererseits als befreiende und erneuernde Energie selbst. Die Symbole sprechen das intuitive Bewusstsein dafür empfänglicher Menschen an, um sie zum Suchen und zu neuem, bewusstem Handeln anzuregen. Aus diesem Handeln kann ein neuer Menschentyp entstehen, der die Leitung seines täglichen Lebens dem unsterblichen Prinzip in sich überträgt. Dieses Prinzip ist die Grundlage der ewigen Seele. Mit ihrem Vermögen kann der vorbereitete Mensch dem Gral bewusst begegnen und ihm dienen. Dem Gral dienen bedeutet, den göttlichen Schöpfungsplan für Welt und Menschheit zu kennen und bewusst daran mitzubauen. Die gereinigte, erneuerte und also ewige Seele kann in die große, uralte, weltumfassende Bruderschaft des Grals aufgenommen werden.

Nun können wir uns auch vorstellen, warum die Suche nach dem heiligen Gral in den Legenden stets in Ungewissheit über seine Art, die Richtung, den Ort, den richtigen Zeitpunkt und die richtigen Vorbedingungen begonnen wird. Der Mensch sucht ja anfangs nur nach den Bildern seines Verstandes, d.h. er sucht auf einer Ebene, wo der Gral in Wahrheit gewiss nicht zu finden ist. Und so verstehen wir, warum die meisten Sucher trotz ehrlichster und tapferster Bemühungen während ihres ganzen Lebens scheitern müssen und den Gral niemals finden oder sehen können. Sie entwickeln die höheren Bewusstseinsvermögen nicht. Wir können uns nun auch erklären, warum der nach langer Vorbereitung zum »edlen Ritter« gereifte Sucher dem Gral erst dann begegnen und zum Gralshüter werden kann, wenn er

alles hinter sich gelassen hat, wenn er nicht mehr mit den
dem irdischen Menschen gegebenen Bewusstseinsvermögen – dem Verstand und der Empfindung – arbeitet.
Er findet den Gral erst, wenn diese Elemente des irdischen Bewusstseins in ihm »gestorben« und durch die
Vermögen der lebenden ewigen Seele ersetzt worden
sind.

Auch im Russland des Mittelalters gab es ein Rittertum,
das nach dem Edlen strebte; nach Ritterlichkeit, Ehrlichkeit, Gott-Dienen, nach Beschirmung des Vaterlandes,
der Religion, der Armen und Schwachen. An den Fürstenhöfen und in den Herrenhäusern wurden die geistliche Musik und das Studium der Künste (Philosophie,
Astrosophie, Alchimie und christliche Magie) ebenso
gepflegt wie in Spanien und Italien, in Frankreich und
Deutschland. Zudem war das damalige Russland stark
von der hoch entwickelten persischen Kultur beeinflusst,
in der die Grallegenden wie auch viele Künste ihren
Ursprung haben.

Außer der Bruderschaft der Ritter spielte die Legende von
Kitesch eine wichtige Rolle. Der russische Komponist
Nikolai Rimsky-Korssakow (1844-1908) schrieb 1907 die
Oper *Skazannije o nevidimon grade Kitesje i deve
Fevronii (*Über die unsichtbare Stadt Kitesch und die
Jungfrau Fewronia). In dieser Oper tritt uns die Vorbereitung der Hauptfiguren zur Aufnahme in die Gralsbruderschaft deutlicher entgegen als in den westeuropäischen
Grallegenden.

W. J. Belski hat mit dem Libretto zu dieser Mysterienoper
eine Synthese der Essenz aus russischen Mythen, Sagen
und Legenden geschaffen. Darin nimmt eine Episode aus

Die Legende der Jungfrau Fewronia aus der Stadt Murom eine zentralen Platz ein. Die Chronik von Meledin aus dem Jahr 1251 über die Entstehung von Klein- und Groß-Kitesch in drei Jahren, die Lebensdauer dieser beiden Städte von 75 Jahren und die Zerstörung von Klein-Kitesch im Jahr 1239 ist lediglich ein historischer Rahmen. Belski schuf in intensivem Austausch mit dem Komponisten Rimsky-Korssakow eine sehr freie Darstellung der Legende, die zu einem Ausdruck des starken Weisheitslichtes der mittelalterlichen russischen Volksseele geworden ist.

Die Mysterienoper hat wenig dramatische Handlung; dadurch treten die Seelenregungen der Hauptpersonen deutlicher hervor. In der poetisch-lyrischen Musik werden die subtilen Seelenregungen ähnlich wie in der älteren Mysterienoper, der *Zauberflöte* Mozarts, lebendig und lassen deutlich drei Bewusstseinsebenen anklingen: den praktischen Verstand, der auf die alltäglichen Lebenserscheinungen in der irdischen Welt beschränkt ist; die intuitive mystische Erfahrung jenes Lichtes, das keinen Schatten wirft und in der Seele des Menschen, der es bewusst aufnimmt, zu einer wahren Glaubenserfahrung im Sinn des Urchristentums wird. Es ist ein Glaube, in dem sichere Weisheit aufleuchten kann; und schließlich ein in Fewronia, der Hauptfigur der Legende, erwachendes spirituelles Bewusstsein, das nach den übermenschlichen Prüfungen, in denen die natürliche Persönlichkeit untergeht, die Weiterentwicklung im geistigen Lebensfeld leitet.

Das spirituelle Bewusstsein verbindet Fewronia mit dem Licht des Grals und der Sphäre, aus der die Gralsbruderschaft ihre Kräfte schöpft, um im irdischen Lebensfeld zu wirken. Diese Verbindung wird in der Oper durch zwei Paradies- vögel, Alkonost und Sireen, dargestellt. Sie treten immer dann bestätigend auf, wenn Fewronia eine Prüfung durchlebt hat und zu einer höheren Bewusstseinserfahrung geführt wird.

Klein- und Groß-Kitesch waren als Burgstädte in urchristlicher Glaubenskraft gegründet worden. Ihre Bürger konnten darin 75 Jahre ihrer mystischen Glaubenserfahrung nachstreben und damit jene höhere Seelenentwicklung fortsetzen, die das eigentliche Ziel des menschlichen Lebens ist. In dem Kitesch der Legende bestimmt ein tief mystisch-religiöses Bewusstsein das Leben des Fürsten, welcher der Gemeinde auch in der Seelenerfahrung vorausgeht. Das mystische Bewusstsein eint alle Bürger und führt sie unmittelbar zu einem neuen Seelenbewusstsein, aus dem sich das Ziel des Lebens erklärt.

In der Abgeschiedenheit der weiten und wilden Waldlandschaft Russlands, nicht weit von Klein-Kitesch am jenseitigen Ufer der Wolga, lebt die Jungfrau Fewronia. Sie ist der Prototyp einer reinen, natürlich-menschlichen und von Weisheit erfüllten Seele. Sie beschäftigt sich mit heilenden Kräutern, die sie freigebig und liebevoll bei Menschen und Tieren anzuwenden weiß. Sie versteht intuitiv die Wachstumsgesetze des Mineral- und Pflanzenreiches und bringt allen Geschöpfen Verständnis, Mitgefühl, Hilfe und eine tragende Liebe entgegen. Die Wesen des Waldes vertrauen ihr; sie lebt mit ihnen in Harmonie, weil sie das natürliche Lebensgesetz jedes einzelnen Wesens versteht, achtet und fördert.

Fewronia hat die erste Phase ihrer menschlichen Entwicklung vollendet. Sie besitzt eine leuchtende Seele, das Licht intuitiven Erkenntnisvermögens und die höchste Form der Liebe, die ein Mensch erreichen kann. Nun wird sie einer Reihe von Erfahrungen oder jenen Prüfungen entgegengeführt, die ein zu stark an die Natur gebundenes Ich nicht durchstehen kann.

Die Prüfungen beginnen bei ihrer Begegnung mit Prinz Vsevolod. Er hat sich auf der Jagd in der Waldwildnis verirrt, ist müde und wurde im Kampf mit einem Bären verwundet. Plötzlich sieht er Fewronia singend und umgeben von Vögeln, einem Bären und Rehen bei ihrer Beschäftigung mit Heilkräutern. Er ist erstaunt und bezaubert, eine solche nach irdischen Maßstäben vollkommene Gestalt, ein so hoch beseeltes Wesen, in dieser Waldwildnis zu sehen.

Fewronia hingegen betrachtet ihn ruhig und erkennt mit tiefem Mitleid einen Zwiespalt in seinem Wesen. Sie fragt sich, wie ein im Grunde edler Mensch seine jüngeren Brüder, die Tiere des Waldes, jagen und töten kann. Aber sie erkennt zugleich, dass er das Licht des Christus, das in allem ist, noch nicht wahrnehmen kann. Er ist noch ein Gläubiger, dem die Kraft des Lichtes und der Liebe durch kirchliche Riten und moralisch-ethische Lebensregeln nahe gebracht werden muss. Die Glaubenskraft hat sein spirituelles Zentrum noch nicht geweckt. Er handelt nur aus der Erkenntis seines geschulten Verstandes, aber die Führung durch intuitives Erkenntnisvermögen besitzt er noch nicht. Daher neigt sich Fewronias Seele ihm zu, um seine höheren Vermögen anzuregen.

Vsevolod wird mit einfachen, sein Herz öffnenden Worten begrüßt und mit Brot, Honig und Wasser – den esoterischen Andeutungen für geistige Nahrung – versorgt.

Vsevolod erkennt, dass Fewronia in ihrer Schlichtheit den gebildetsten Frauen in Klein-Kitesch überlegen ist. Sie vermag den göttlichen Schöpfungsplan für Natur und Menschheit wahrzunehmen und daran mitzuwirken. Christus wohnt in jeder Menschenseele, fühlt mit jedem Wesen aus freiem Willen liebevoll mit. Sie vermag das ihr bewusste Seelenlicht und die furchtlose Kraft, die sich darin offenbart, auch Vsevolod zu übertragen. Er nimmt sie auf, und in der nun erwachenden intuitiven Erkenntnis wird er die Tiere und Wesen der Natur künftig nicht mehr als Beute betrachten, sondern schützen und fördern.

Nach dieser inneren Wandlung kann Fewronia seine Werbung annehmen. Sie wird als fürstliche Braut mit großem Gepränge aus der ihr vertrauten Traumwelt des Waldes in die Realität des von Menschen geformten Stadtlebens geführt. Dort betrachtet sie die Bürger von Klein-Kitesch mit Erstaunen und Mitleid, denn die Art, wie diese Menschen leben, ist ihrem Wesen fremd.

Die Bürger rühmen sie als Jungfrau des Lichtes, das von ihrem Wesen ausstrahlt. Sie ist bereit, ihnen tiefere Erkenntnis über Leben und Ziel des Menschen mitzuteilen und sie zur Selbstprüfung anzuregen. Die Eigenschaften einer erwachenden Geistseele wie Demut, Weisheit, Unterscheidungsvermögen, Mitleid, Güte, Wahrheit, Toleranz, Freude, Kraft und Gerechtigkeit sprechen jedoch nur wenige an.

Die Bürger von Klein-Kitesch sind vorwiegend auf das

materielle Leben gerichtet und dabei innerlich träge geworden. Fewronia erkennt die Begrenztheit des oberflächlichen Lebens der ganzen Bürgergemeinde, die ihre Liebe und weisen Worte lieber ablehnt.

Da sich die Bürger von Klein-Kitesch gegen eine Erneuerung ihrer Einsichten und ihres Lebenswandels wehren, kann eine gewaltsame Veränderung nicht mehr verhindert werden. Die Tataren rücken auf ihrem verheerenden Feldzug durch Süd- und Mittelrussland nach Westen vor und nähern sich bereits Klein-Kitesch, um es zu plündern und danach gegen das heilige Groß-Kitesch zu ziehen, um es ebenfalls zu zerstören.

Nun stehen die Bewohner von Klein-Kitesch vor einer entscheidenden Wahl. Sie können sich den Tataren ergeben, deren Sklaven werden und ihrem Glauben abschwören. Sie können aber auch den Verrat an ihrem Glauben und ihrer Seele abweisen und sich kämpfend für ihr Ideal opfern.

In dieser Krisensituation erwacht die innere Stimme neu in den Bürgern. Sie wählen das Selbstopfer um ihrer Seele und um des heiligen Groß-Kitesch willen. Prinz Vsevolod war mit einer kleinen Truppe von Rittern nach Groß-Kitesch geeilt, um Hilfe zu holen. Das Unheil der Tataren ist jedoch schneller herangerückt. Alle Bürger bis auf Fewronia und einen Trunkenbold werden im Abwehrkampf getötet. Keiner der Erschlagenen war bereit gewesen, den Tataren zu helfen und ihnen den geheimen Weg nach Groß-Kitesch zu zeigen.

Nur das Bewusstsein des Trunkenboldes ist infolge seines Genusslebens verdunkelt. Er ist sich keiner Seele oder höheren Werte mehr bewusst. Er klammert sich an das materielle Leben, ist unfähig, körperliche Pein zu ertragen. So ist er schnell bereit, die Tataren nach Groß-Kitesch zu führen, um sein Leben zu retten.

Fewronia andererseits wurde wegen ihrer Schönheit vom Khan zur Lustsklavin bestimmt. Gefangengenommen, versucht sie vergeblich, den Trunkenbold zu überzeugen, dass er wie Judas handelt, wenn er den geheimen Weg nach Groß-Kitesch verrät. Sie wendet sich bittend an den göttlichen Ursprung ihrer erwachten Seele, die Bürger von Groß-Kitesch zu bewahren, da diese ihr Leben von der Kraft und Erfahrung wahren Glaubens leiten ließen. In ihnen ist die Geistseele erwacht, aber noch nicht vollkommen entwickelt. Auf dieser Grundlage können sie gerettet werden.

Die Mächte der gefallenen Welt – symbolisiert durch die Tataren – versuchen. Fewronia für sich zu gewinnen. Sie ist jedoch durch ihre seelische Beschaffenheit unverletzlich. Sie fürchtet die Gewalt nicht, sondern empfindet für den mörderischen Khan nur Mitleid. Alkoholtrunken versinkt er in Schlaf.

Es kommt nun zu einem dramatischen Geschehen. Prinz Vsevolod zieht mit einer kleinen Schar von Rittern den Tataren entgegen. Er ist gewappnet mit dem Helm der Hoffnung, dem Schild des Glaubens und dem Schwert des Geistes. Hieran wird deutlich, dass er zur Sphäre des Grals herangereift ist. Er ist zu einem Gralsritter geworden. In der Erzählung heißt es, dass seine Schar den Tataren streitlos entgegentritt.

Diese Andeutungen zeigen, dass die ganze Geschichte

die symbolische Darstellung eines inneren Weges ist, zu dem jeder Mensch gerufen wird.

Prinz Vsevolod und seine Schar begeben sich mitten unter die Tataren und sterben. Die Bürger von Groß-Kitesch und ihr König Juri bitten die Himmelsmutter, sie zu umhüllen und zu schützen. Und es geschieht das Wunder: Ein Feuernebel umhüllt die Stadt. Die Hirten, die es beobachten, singen: *Kitesch wird zur Haupt- und Herzstadt der Erde*. Es versinkt in dem »Hellen See«, an dem es liegt, dem Swetli Jarr, und gleichzeitig steigt es in den Himmel empor. Das Tatarenheer am Rand des Sees wird von grenzenloser Angst gepackt und flüchtet in die Wälder.

Fewronia sieht, wie Groß-Kitesch in einer neuen Dimension aufgeht. Die Stimmen der beiden Mysterienvögel – deren Gestalten ihr nun erkennbar werden – laden sie dorthin ein. Fewronia hat ihr Ziel erreicht: Für sie gibt es keinen Tod mehr. In Licht gehüllt, wird sie von den Gralsrittern willkommen geheißen und begegnet dort Vsevolod, ihrem Bräutigam, der nach dem Tod seines alten Wesens nun als Gralsritter zu seinem Ziel geführt wird. Vsevolod und Fewronia werden Gralskönig und Gralskönigin.

9
Der hermetische Einweihungsweg des Grals

Das offizielle Christentum hat bis zum heutigen Tag dem Gral keinen besonderen Platz eingeräumt, obwohl der Gral als der Becher betrachtet wird, den Christus beim letzten Abendmahl benutzte. In der Sprache Okzitaniens bezeichnet das Wort *grasal* eine mittelgroße Vase oder einen Becher. Und die weibliche Form *grasalo* ist das Wort für eine große, tiefe Schale. In einer solchen Schale oder einem solchen Kelch hat Joseph von Arimathea der Legende nach das Blut aus den Wunden Christi aufgefangen. Nach der Auferstehung Jesu wurde Joseph von Arimathea beschuldigt, den Leichnam Jesu gestohlen zu haben und der Überlieferung nach gefangen genommen. Daher erschien ihm Jesus, um ihm den Kelch anzuvertrauen und ihn in einige Mysterien einzuweihen. Im Jahr 70 n.Chr. wurde er frei gelassen und flüchtete mit seiner Schwester und ihrem Ehemann mit einem Schiff. Es wird angenommen, dass er an der Küste der Languedoc landete und von dort in die Bretagne reiste, nach Brittannien übersetzte und bei Avalon das Kloster Glastonbury gründete. Auch in Irland gibt es Mythen und Legenden, die auf Joseph von Arimathea hinweisen. Gegen Ende des 12. Jahrhunderts war der Gral noch nahezu unbekannt, zwei Jahrhunderte später hatte sich das Bild jedoch völlig verändert. Es entstanden Grals-Bewegungen, und einige Burgen wurden als Gralsburgen bekannt, in denen der Gral aufbewahrt sein sollte.

Früher nahm man an, dass die Erde von einer umgekehrten Schale bedeckt sei. Mit dieser mythischen Schale sollen die Götter Wunder vollbracht haben, die an die späteren Gralswunder erinnern. So wird in den Veden berichtet, dass der Gott Indra der Sonne das Feuer und dem Mond den Somatrank entnahm. Indra wird mit einem Speer oder einer Lanze dargestellt, womit er dem dürren Land Fruchtbarkeit schenkte. In einigen Gralslegenden trägt auch Parzifal eine Lanze, mit der er, als er den kranken König heilt, die Flüsse und Bäche wieder zum Strömen bringt.

In der griechischen Philosophie ist die Schale das göttliche Mischgefäß, der Krater, in den die Gottheit die Grundstoffe des Lebens ausgießt und sie den erschaffenen Seelen reicht. Plato spricht von einem Krater des Hephaistos, einem glühenden Becher, in dem das Sonnenlicht gemischt wurde. Und Hermes Trismegistos schreibt in seinem *Corpus Hermeticum*: *Er* (Gott) *hat gewollt, mein Sohn, dass die Geistbindung von allen Seelen erreicht werden kann, jedoch als Preis für den Wettlauf. [...] Er hat ein großes, mit den Kräften des Geistes gefülltes Mischgefäß herabgesandt und einen Botschafter beauftragt, den Herzen der Menschen zu verkünden: »Taucht ein in dieses Mischgefäß, ihr Seelen, die ihr es vermögt, ihr, die ihr glaubt und darauf vertraut, dass ihr aufsteigen werdet zu ihm, der dieses Mischgefäß herabgesandt hat, ihr, die ihr wisst, zu welchem Ziel ihr erschaffen wurdet.«*

Von dieser Vorstellung des Grals als Kelch oder Mischgefäß weicht der steinerne Gral des Wolfram von Eschenbach ab. Er spricht über den *lapis elixer*, manchmal auch über den *lapis es coelis* (Himmelsstein), den Stein des Lebenselixiers oder den Stein der Weisen. Das zeigt einen Zusammenhang mit der alchimistischen Bedeutung des Grals. Es gibt auch die Meinung, dass das Wort Gral abgeleitet ist von dem Wort *gradalis*. *Gradus* bedeutet Stufe oder Einweihungsgrad. Danach wäre der Weg zum Gral eine *via gradalis,* ein Weg mit Stufen. In den alten Mysterien gab es sieben Einweihungsgrade, welche die Namen der Planeten trugen. Wer zum Gralskönig berufen wurde, musste alle sieben planetaren Einweihungsgrade erreicht haben. Darum sprach Kundry, die Gralsbotin, zu Parsifal über die sieben Planeten, als »der reine Tor« zu seinem Amt gerufen wurde.

Als am Ende des dreizehnten Jahrhunderts die tatsächliche Bedeutung des Grals in Vergessenheit geriet, entstand eine bunt schattierte Literatur über die Tafelrunde des Königs Artus und die Zahlensymbolik in der Gralslegende.

Immer ist das Streben nach dem Gral mit dem Gebiet des Todes verbunden. Wer den Tod nicht kennt, kann den Gral niemals finden. Bevor Parsifal zu Trevrizent gelangen kann, der in der Nähe des Grals wohnt, muss er mit einem Gralsritter kämpfen. Der Grund dafür wird so beschrieben:

»*Die Burg Mont-Salvat ist nicht gewöhnt, dass man ihr nahe kommt. Wer so vermessen ist, muss einen gefährlichen Kampf bestehen oder eine Buße bezahlen, die man außerhalb dieses Waldes den Tod nennt.*«

Noch deutlicher wird auf die Verbindung zwischen Gral und Tod durch die Buchstaben hingewiesen, die auf dem Gral erscheinen, sobald jemand zur Bruderschaft auserwählt wird, und als ein Epitaph oder eine Grabinschrift bezeichnet werden. Der Tod wird hier jedoch nicht als endgültiger Zustand erfahren, sondern als eine Pforte auf dem Weg zur Auferstehung. Der Gral umfasst den gesamten Prozess auf diesem Weg.

Ein derartiges Sterben – das tägliche Sterben, über das Paulus schreibt – ist das so oft heftig bekämpfte und vollkommen missverstandene Endura der Katharer. Dicke Bücher wurden über diese »gottlose Selbstmordmethode« der südfranzösischen Bruderschaft verfasst. Dennoch wird diese »gottlose« Methode in den vier Evangelien haarfein erklärt und in allen Einzelheiten beschrieben. Das Endura der Katharer war danach die Nachfolge Jesu Christi in dem heiligen Prozess, in dem alles Unheilige im Mikrokosmos getötet wird.

Wer mit dem Endura beginnt, hat sich zuvor davon überzeugt, dass sein Mikrokosmos sich nicht in Übereinstimmung, nicht im Gleichgewicht mit Gottes Gesetz befindet. Er ist gleichsam in einen Todesschlaf versunken und muss erweckt, gereinigt und geheiligt werden. Der zweite Korintherbrief bestätigt das im fünften Kapitel: *»Wir wissen aber, so unser irdisch Haus, diese Hütte, zerbrochen wird, dass wir einen Bau haben, von Gott erbauet, ein Haus, nicht mit Händen gemacht, das ewig ist im Himmel.«* Die Methode, die zur evangelischen Wiedergeburt, zur vollkommenen Auferstehung der ursprünglichen Natur, führt, steht für den, der lesen und verstehen kann, deutlich in den Evangelien.

Viele haben bereits die Ichzerbrechung angestrebt, aber ihre Mühe blieb vergebens. Das ist logisch, denn das Ich, das sich selbst aufheben will, hält sich gerade dadurch in Stand, verstärkt sich trotz all des Strebens! Darum senkt sich der Gral herab und gießt ein Licht aus, welches das Ich vernichten kann. So führt also nicht das Ich das Endura aus, sondern die Gnosis, das befreiende und heilende Licht aus dem Urquell allen Lebens. Oder christlich formuliert: Der Christus im Menschen führt es aus.

Der Gralssucher wird feststellen, dass alle Ereignisse, Personen und Schauplätze, die in den Legenden vorkommen, nichts mit historischen Gegebenheiten oder Personen zu tun haben, sondern eine allegorische Darstellung der Aspekte in ihm selbst sind. Das Leugnen dieser Tatsache hat bereits viele Missverständnisse und Unklarheiten verursacht.

Man kann sich dem Mysterium des Grals also nicht, wie bereits gesagt, mit irdischen Eigenschaften und Mitteln nähern.

Ein katharisches Gebet drückt es so aus:

»Wer oder was ist Gott?
Lasst uns, die wir hierher gekommen sind, schweigen.
Sprechen wir seinen Namen nicht aus.
Schweigen wir still, beten wir still.
Wer sagen will, wer er ist,
muss sein der ER ist.«

Der Mikrokosmos war einst göttlich. Durch den Fall, den Zustand der Abgeschiedenheit, musste ein anderer Mensch statt des ursprünglichen aufgebaut werden, damit der Weg der Rückkehr möglich wurde. Darum ist es für den Gralssucher notwendig, vollkommene Kenntnis über die zwei Naturordnungen zu besitzen, die auch in ihm selbst gegenwärtig sind: die ursprüngliche, göttliche Natur und die später erschaffene, ungöttliche Natur. Leider dominiert der ungöttliche Aspekt und hat sich der göttliche Aspekt zu einem schlafenden Kern zurückgebildet. Die Folge dieser Situation ist, dass alles, was der Mensch an göttlicher Inspiration empfängt, durch seine ungöttliche Natur umgebogen und in das Irdische übersetzt wird. Selbstverständlich ist eine derartige Struktur nicht für das Endura geeignet, da der irdische Aspekt während des Enduras vor dem göttlichen Aspekt zurücktreten muss.

Der wahre Sucher empfängt jedoch auf seinem Pfad immer alle Anweisungen, die er nötig hat, um sein Ziel zu erreichen, so wie es zum Beispiel in der Bergpredigt heißt:

»Wenn aber du betest, so gehe in dein Kämmerlein (dein Herz)
*und schließe die Tür zu
und bete zu deinem Vater im Verborgenen;
und dein Vater, der in das Verborgene sieht,
wird dir's vergelten öffentlich.«* (Matth.6/6)

Erinnert uns das nicht an die Anweisungen, die Parsifal von Trevrizent empfängt? Das Beten, das hier gemeint ist, deutet auf die Verwirklichung der Einheit zwischen Herz und Haupt hin, die beim irdischen Menschen gestört ist. Im natürlichen Menschen stehen sich Haupt und Herz stets im Konflikt gegenüber. Entweder dominiert das Herz oder das Haupt. Gleichgewicht wird nur selten erreicht und dann auch nur sehr zeitweilig. Darum gibt es Verstandesmenschen und Gefühlsmenschen.

Durch die Wirkungen seines Hauptes und seines

Herzens ist der Mensch mit elektro-magnetischen Feldern verbunden, die sich gegenseitig erhalten und ernähren. Mit jedem Gedanken und jeder Emotion werden diese Bindungen verstärkt. Auf diese Weise baut der Mensch sein eigenes Gefängnis. Er denkt gemäß dem Denkfeld, mit dem er verbunden ist und fühlt entsprechend dem Gefühlsfeld, aus dem er schöpft. Das Ich ist nicht fähig, diesen Kreislauf zu durchbrechen, weil es selbst darin eine aktive Rolle spielt und nicht über Fähigkeiten verfügt, die es daraus erheben könnten.

Es ist also selbstverständlich, dass das Ich seinen eigenen Kreislauf mit den eigenen Mitteln nicht durchbrechen kann. Erst wenn der Mensch Erfahrungen durchlebt, die ihn aus seinem Gleichgewicht bringen, kann Raum geschaffen werden für etwas, das nicht zu diesen Kreisläufen gehört. Dieses Etwas, das nicht von dieser Welt ist, wird in der Bibel angedeutet als *Reich Gottes, das Fleisch und Blut nicht ererben können.*

Das Blut entspricht dem Denk-, Gefühls- und Handlungsleben. Alle Lebensprozesse drücken sich darin aus, sind darin nachweisbar. Emotionen können die Drüsen mit innerer Sekretion und andere Organe aktivieren. Gedanken können das Blut aufjagen und seine Zusammensetzung verändern. Darum wird dem Gralsucher geraten, sein Blut zu reinigen. Und das muss nicht mit Diäten, Kräuterkuren, magischen Mitteln oder Atemübungen geschehen, sondern dadurch, dass er seine Gedanken und Gefühle angreift. Das ist der Beginn des Weges, der zum heiligen Gral führt und der auf der Befreiung des göttlichen Prinzips im Mikrokosmos basiert.

In vielen Religionen wird auf dieses Prinzip hingewiesen mit den Worten: Samenkorn Jesu, das Juwel in der Lotusblüte, die Perle im Acker und – moderner ausgedrückt im Goldenen Rosenkreuz – das Geistfunkenatom. Dieses göttliche Prinzip hat seinen Sitz im menschlichen Herzen. Und der Gral ist das Symbol der Wiederherstellung, der Erweckung und Befreiung dieses göttlichen Prinzips, damit es sich entwickeln kann. Darum heißt es auch, dass der Gralsbecher im Herzen aufgerichtet werden muss. Reine Gralslegenden bringen diese Botschaft in aller Einfalt, sei es auch verschleiert und der Zeit entsprechend, in der sie erzählt werden. Sie zeigen, wo und wie der Gral gefunden werden kann und wie er beschirmt und erhalten werden muss.

Das menschliche System besitzt neunundvierzig Chakra. Das sind rotierende Kraftzentren, welche die unterschiedlichen Körper der Persönlichkeit nähren. Die sieben großen Chakra sind – von oben nach unten gesehen:
- Das Kronenchakrum, das mit der Pinealis korrespondiert,
- das Stirnchakrum, korrespondierend mit der Hypophyse,
- das Kehlchakrum, das mit der Schilddrüse korrespondiert,
- das Herzchakrum korrespondiert mit dem Herzen und der Thymusdrüse,
- das Sonnengeflechtchakrum, korrespondierend mit dem Milz-Lebersystem,
- das Heiligbeinchakrum, das mit den Fortpflanzungsorganen korrespondiert
- und das Steißchakrum, korrespondierend mit den Beinen, den Füßen und dem Plexus sacralis.

All diese Chakra sowie noch 42 andere sind offen für astrale und ätherische Kräfte, die sie unmittelbar an die Drüsen mit innerer Sekretion, das Blut und das Bewusstsein weitergeben.

Wenn sich nun jemand für astral-ätherische Einflüsse öffnet, die nicht zur dialektischen Welt gehören, dann hat das ebenfalls eine direkte Auswirkung, und zwar unter anderem auf das Bewusstsein. Dann setzt ein Prozess der Erneuerung ein, in dem der Einfluss der irdischen Natur allmählich ausgeschaltet wird, damit die neue Natur, das neue Bewusstsein, der neue Mensch, sich entwickeln können.

Das Thema der Suche nach dem Gral ist – wenn auch mit anderen Worten und Begriffen – bei Hermes Trismegistos in Ägypten, Lao Tse in China, Buddha in Indien, Zarathustra in Persien, Jesus in den Gebieten um das Mittelmeer und Mani im Zweistromland zu finden. Bei Mani ist auch die Urform der westlichen Grallegenden anzutreffen.

Mani lehrte, dass in Adam ein Teil des noch nicht befreiten Lichtes versammelt ist. Darum wird Adam – die Menschheit – vom Lichtreich zur Regeneration berührt. Dieser Adam ist jedoch von der Materie blind und taub erschaffen. Er ist sich aber des Lichtes bewusst, das in ihm ist, wenn auch in tiefen Schlaf versunken. Dann nähert sich der Erlöser, angedeutet als Ohrmazd oder Jesus, das strahlende Licht, das ihn weckt, seine Augen öffnet und ihn von seinen Beherrschern befreit. Das Licht zeigt Adam die Lichtseele, die in ihm gefangen liegt und enthüllt ihm so seine zweifache Herkunft: Da ist einerseits der göttliche Geist und andererseits sein dialektischer Körper. Das Licht erleuchtet Adam mit seiner erlösenden Kenntnis, der Gnosis.

Diese uralte Erkenntnis ist durch alle Zeiten hin dieselbe geblieben. Aber die Bilder, die benutzt werden, um sie zu übertragen, sind immer wieder anders, damit sie den Menschen in seiner aktuellen Lebensphase erreichen können. Wer diesen Weg entdeckt und es wagt, ihn zu gehen, darf dem Gral begegnen. In dem Gralsbecher, den er dann in seinem Wesen aufzurichten lernt, kann sich einmal der lebendig machende Geist Gottes einsenken, um sich mit der wiedergeborenen Seele zu verbinden. Dann ist Galahad, Galaad, auferstanden.

10

Die Welt ist voller Gralssucher

Die bekannten Gralslegenden vermitteln nur ein sehr bescheidenes Bild von der enormen Auswirkung, die die Gralsbotschaft hatte. Sie zeigen einen spirituellen Weg, der auch für uns Menschen im modernen, hektischen Leben von großer Bedeutung ist. Ihr Quell ist die Gnosis, die universelle Wahrheit, die von Menschen aufgenommen und in einer lebendigen, lebenserneuernden Praxis ausgetragen werden kann.

Die Suche nach dem Gral ist also weder eine literarische Fiktion noch Historie, über die man wissenschaftlich oder philosophisch diskutieren könnte. Es ist eine Lebenspraxis, die unmittelbar und eingreifend beim Sucher auf dem Weg zur lebendigen Wahrheit anknüpft. Um die Größe dieses uralten und sehr aktuellen Impulses einigermaßen erfassen zu können, muss der Sucher sich mit der befreienden Botschaft verbinden, die hinter den Heldentaten der Ritter aus der Vergangenheit steht. Dieser Prozess hat zwei Aspekte, zwei Dimensionen: eine menschliche Dimension, die sich in den vielen Abenteuern der Ritter ausdrückt, und eine göttliche Dimension, die vom Menschen nach den vollbrachten Heldentaten erreicht wird. Der menschliche Aspekt liegt im Kampf gegen den eigenen Ich-Wahn, im Kampf gegen die Stumpfheit und gegen die Schande der Unwissenheit bezüglich des höheren Lebens. Das sind die charakteristischen Feinde des Menschen auf dem Weg zur Gralsburg.

Parzival überwindet diese Feinde mit Hilfe der inneren Kraft, die ihm immer wieder neu geschenkt wird. Dennoch sieht es oft so aus, als ob er trotz seines Mutes und seiner Erfindungsgabe das Licht nicht finden würde. Doch stets treibt ihn die Unruhe vorwärts. Diese Unruhe wird genährt durch seine Sehnsucht nach dem Gral. Nach seinem Sieg über den roten Ritter kann er die Burg des Königs Artus betreten. Der rote Ritter kann als Naturseele gesehen werden, die sich auf das irdische Leben richtet. Für den ernsthaften Sucher ist es das erste Hindernis, das er überwinden muss, um das höhere Seelenleben zu erreichen. Sein Blutserbe, der sich daraus ergebende Charakter und die Umgebung, in der er lebt, sind ebenfalls Behinderungen, die überwunden werden müssen. Diese Überwindung bedeutet einen Läuterungsprozess in der Seele, die sich auf ihre Begegnung mit dem Geist Gottes vorbereitet.

Der Kampfplatz, auf dem der innere Kampf stattfindet, liegt im Grenzgebiet zwischen Bewusstsein und Unterbewusstsein. In unserem Unterbewusstsein leben die Kräfte der von der ursprünglichen, göttlichen Ordnung abgefallenen Welt. Das sind alte, sehr mächtige Kraftkonzentrationen, die noch fortwährend genährt werden. Sie bilden das kollektive Erbe der gesamten Menschheit, in dem ihre ganze Geschichte aufbewahrt ist. Gleichzeitig enthält es das individuelle Erbe vieler früherer Leben, das bei der Entwicklung einer neuen Persönlichkeit als Grundlage dient. Das sind die Feinde und Hindernisse, die Parzival auf seiner Suche überwinden muss. Er aber lässt sich dadurch nicht aufhalten. Er besitzt die innere Kraft, immer weiter zu gehen ist er doch Besitzer eines Schwertes, das umso stärker und schärfer wird, je weiter er vorangeht. Dieses Schwert ist eine geistige Waffe, die unentbehrliche Hilfe für jene, die mit den Dämonen ihrer eigenen Unterwelt abrechnen wollen.

Die Gralsburg ist für den Sucher keine verfallene, mittelalterliche Burg irgendwo in den Pyrenäen. Diese Zeugnisse aus der Vergangenheit können ihn höchstens stimulieren, aber sie sind nicht das Ziel seiner Lebensreise. Die Gralsburg ist für den modernen Menschen ein Feld erneuernder Energie, das durch die Gemeinschaft jener Seelen unterhalten wird, die sich vollkommen auf ihre geistige Entwicklung richten. Der heilige Gral wird gebildet und getragen durch die auf Erden lebenden Menschen, die auf Grund ihres inneren Kampfes und ihrer Läuterung den Gral gefunden haben. In diesem lebendigen Gral wird die regenerierende Energie des kosmischen Christus aufgefangen und über die Menschheit ausgegossen. Wer mit dieser Kraft in Berührung kommt, wird sie mit Freude begrüßen und empfangen und davon zeugen. Aber sie muss auch verarbeitet werden. Und das ist das Schwert, mit dem Parzival kämpft, das Schwert, von dem Jesus in Matth. 10/34 sagt: *Ich bin nicht gekommen, Frieden zu bringen, sondern das Schwert.* Es ist das Schwert, das die Macht hat, Reines von Unreinem zu scheiden. Der moderne Parzival geht den Weg der inneren Befreiung in einer Gruppe, die in den Legenden als Tafelrunde des Königs Artus bezeichnet wird. Diese Tafelrunde, diese Gemeinschaft Gleichgesinnter, hat die Aufgabe, ein Gral zu werden, ein Mischgefäß, ein »Krater«, in dem die göttlichen Kräfte aufgefangen und weitergegeben werden an alle, die danach verlangen.

Es gibt viele Gralssucher in der Welt. Auf jedem Niveau des Lebens gibt es Menschen, die sich bewusst oder unbewusst mit dieser Suche beschäftigen. Solange dieser

Prozess unbewusst abläuft, streiten sie untereinander über die Ergebnisse und bekämpfen den roten Ritter vergeblich. Wenn sie jedoch wie Parzival von dem inneren Verlangen getrieben werden, dem Mitmenschen zu dienen, werden sie sich ihres Lebenskampfes bewusst. Er wird dann zu einer inneren Läuterung, einer Vorbereitung auf das Ziel. Und in ihren Worten, Schriften und Taten zeugen sie von der Hilfe und dem Trost, den sie immer wieder erneut erfahren dürfen, solange sie den Gral vor Augen haben. Denn das Ziel, der Gral, nährt sie bereits von fern.

Solange die Seele aus Freud und Leid dieser Welt ihre Nahrung bezieht, kann sie den Gral nicht als ihr Lebensziel erkennen. Dazu ist ihr Wahrnehmungsvermögen zu sehr beschädigt. Darum muss die alte Seelenstruktur durch eine neue ersetzt werden, die von der erneuernden Kraft des Grals genährt werden und auf die rechte Weise darauf reagieren kann. Wenn das nun der Fall ist, was sollte ihr dann noch schaden? Der Tod? Sie hat dann doch alle Facetten des Todes – das tägliche Dasein des unbewussten Lebens – überwunden! Darum ist der Gral das Mysterium der sich erneuernden Seele auf dem Weg zur Ewigkeit. Das ist einer der Gründe, warum die Gralsprozesse in der Vergangenheit nur in einer farbenreichen Symbolsprache beschrieben werden konnten. Jene, die soweit waren, konnten sie verstehen. Für die anderen waren es fesselnde Erzählungen, die immerhin das Verlangen nach einem höheren, besseren Leben nährten.

Wer sich auf die Suche nach dem Gral begeben will, muss in das eigene tiefste Innere hinabtauchen. Dort liegt der Beginn seiner Reise und nirgendwo anders. Der Anknüpfungspunkt ist die Sehnsucht nach dem Mysterium der sich verwandelnden Seele. Denn die Tröstung aus dem Gral schenkt dem Pilger das Glück wachsender eigener, ganz authentischer Erkenntnis, die als Gnosis angedeutet wird. Lange bevor er ein Gralshüter wird, ist der Gralssucher mit dem Gral verbunden, auch wenn er es nicht weiß und seine Suche zuweilen als lang und quälend empfinden mag.

II

*Der Gral ist in jedem Menschen
gegenwärtig**

»Sie kennen vielleicht die Legende über den heiligen Gral. Diese uralte Legende erzählt, dass der Gral die Schale ist, welche Jesus der Herr beim heiligen Abendmahl benutzt hat. Josef von Arimathia hat, dieser Sage nach, das Blut des Gekreuzigten darin aufgefangen und danach den Gral in seine Obhut genommen. Seine Nachfolger haben den Gral später nach dem Westen gebracht, wo er bis zum heutigen Tag im Verborgenen aufbewahrt wird.

Diese Sage, die von den Mystikern auf alle mögliche Weise für emotionelle Spekulationen missbraucht wurde, und im Mittelalter als Thema für viele dichterische Werke der mystischen Imitatoren diente, nennt in ihrer Einfachheit vollständig die gnostischen Werte, derer Sie bedürfen, um zu verstehen, was der Gral ist, wie er hergestellt werden muss oder wo er zu finden ist.

Um in dieses Mysterium einzudringen, verweisen wir zuerst auf die Schilderung des Evangeliums über die Aussendung des Petrus und des Johannes, um das Abendmahl zuzubereiten. Der Schüler muss den Gral selbst herstellen, damit dieser danach von Jesus dem Herrn gebraucht werden kann.

Anatomisch wird der Gralsbecher durch die drei Plexikreise angedeutet, nämlich den Kehlkopf-Plexikreis, den Lungen-Plexikreis und den Plexikreis des Herzens. Der obere Teil des heiligen Bechers korrespondiert mit dem Kehlkopfsystem, der Stiel des Kelches ist in den Lungen errichtet, und der Fuß des kristallenen Pokals steht im Herzmund. Die Möglichkeit zur Herstellung dieses Hochzeitspokals ist also in jedem Menschen vorhanden.«

* Aus: Jan van Rijckenborgh und Catharose de Petri, *Die universelle Gnosis*, Haarlem/Birnbach 3. Ausg. 1995.

AUSGABEN IM DRP-VERLAG

WERKE VON J. VAN RIJCKENBORGH
- Elementare Philosophie des modernen Rosenkreuzes
- Der kommende neue Mensch
- Die Gnosis in aktueller Offenbarung
- Die ägyptische Urgnosis und ihr Ruf im ewigen Jetzt (I, II, III, IV) erneut verkündet und erklärt anhand der Tabula Smaragdina und des Corpus Hermeticum des Hermes Trismegistos
- Die Geheimnisse der Bruderschaft des Rosenkreuzes (I, II, III, IV) (Fama Fraternitatis, Confessio Fraternitatis und alchimische Hochzeit des Christian Rosenkreuz)
- Das Mysterium der Seligpreisungen
- Das Nykthemeron des Apollonius von Tyana
- Das Licht der Welt – Ausschnitte aus der Bergpredigt
- Die gnostischen Mysterien der Pistis Sophia
- Dei Gloria Intacta
- Das Mysterium Leben und Tod
- Demaskierung
- Es gibt keinen leeren Raum
- Das universelle Heilmittel
- Christianopolis

WERKE VON CATHAROSE DE PETRI
- Transfiguration
- Sieben Stimmen sprechen
- Der Dreibund des Lichtes
- Das lebende Wort
- Das Siegel der Erneuerung
- Das goldene Rosenkreuz
- Briefe

CATHAROSE DE PETRI UND J. VAN RIJCKENBORGH
- Die Bruderschaft von Shamballa
- Die große Umwälzung
- Das neue Zeichen
- Die chinesische Gnosis
- Der universelle Pfad
- Die universelle Gnosis
- Die Apokalypse der neuen Zeit (5 Teile)

JAKOB BÖHME Ein einfaches Leben in Christus, Anthologie

KARL VON ECKARTSHAUSEN
- Die Wolke über dem Heiligtum
- Einige Worte aus dem Innersten
- Die wichtigsten Mysterien der Religion

MARSILIO FICINO Briefe (2 Teile)

J.A. COMENIUS Das einzig Notwendige

ANTONIN GADAL
- Auf dem Weg zum heiligen Gral
- Das Erbe der Katharer / Das Druidentum

PLEUN VAN DER KOOY UND CARLOS GILLY Fama Fraternitatis. Das Urmanifest der Rosenkreuzer Bruderschaft zum ersten Mal nach den Manuskripten bearbeitet, die vor dem Erstdruck von 1614 entstanden sind

MIKHAIL NAIMY Das Buch des Mirdad

PROF. DR. G. QUISPEL (hrsg.) Die Hermetische Gnosis im Lauf der Jahrhunderte

J. SLAVENBURG Die geheimen Worte

MARTIN ZICHNER Die große Lebensspirale (über Dante)

KRISTALL REIHE
1. Ermahnung der Seele
2. Mysterientiere
3. Die Kenntnis, die erleuchtet
4. Die Rückkehr zum Ursprung
5. Gnosis als innerliche Religion
6. Rosenkreuzer einst und heute
7. Anthologie Böhme
8. Paracelsus

DRP-Verlag, Auf der Höhe 16, D-57612 Birnbach, BRD
www.drp@rosenkreuz-verlag.de
Rozekruis Pers, Bakenessergracht 5, NL 2011 JS Haarlem, Niederlande
Lectorium Rosicrucianum, Foyer Catharose de Petri, CH 1824 Caux, Schweiz